성경의 기초 I

배대근 지음

목차

머리말

　기독교의 가장 기초적인 진리는 사실상 창세기에서 대부분 드러나 있습니다. 이것은 원어 성경을 읽어보면 더 분명히 드러납니다. 따라서 본서는 원어성경을 주교재로 해서 성경이 말하고자 하는 가장 기본적인 진리를 알아가는데 목적을 두었습니다. 성경에 관심이 있는 사람들이 이 책을 열린 마음으로 읽어가면 성경의 진리에 조금 더 가까이 접근할 수 있을 것입니다.

　책의 구성은 주로 창세기 1장~3장까지의 내용을 중심으로 성경전체를 조망하는 방법으로 이루어졌습니다. 따라서 구약의 창세기 뿐만이 아니라 구약전체 그리고 신약성경 전체를 직조하였습니다. 그리고 성경공부 책으로서는 내용이 많아, 부득이 네 권으로 분책하였습니다. 그래서 [성경의 기초 Ⅰ~Ⅳ]까지 네권, 총 48과로 구성이 되어 있습니다.

　이 책은 제가 수년 동안 성도들에게 강의해오던 성경공부 내용을 정리한 것입니다. 제가 이 책을 만들 수 있었던 가장 큰 배경 중의 하나는 지금은 작고하신 아람연구원 김두연 목사님입니다. 저는 그분께 성서원어를 집중적으로 배웠고, 독해를 배웠습니다. 또한 제가 이 책을 낼 수 있도록 감수해 주신 김동운 원로목사님께 감사를 드립니다. 특별히 저를 위해서 지금도 간절히 기도해 주시는 아버지 배태기 집사님과 어머니 남옥랑 권사님께 감사를 드립니다. 그리고 무엇보다도 제 인생을 이제까지 이끌어 주신 삼위 하나님께 감사와 영광을 돌립니다.

　부디 이 책이 성도로서 더 깊은 열매를 맺는데 도움이 되기를 간절히 기도합니다.

제 1과

하나님의
창조

핵심성구(창세기 1장 1절)

"태초에 하나님이
천지를 창조하시니라"

Ⅰ. 이야기 하나

프랜시스 S. 콜린스는 그의 책 『신의 언어』에서 성 어거스틴의 말을 빌어서 이렇게 말했습니다.

모든 종교를 통틀어 가장 탁월한 지성인으로 꼽히는 성 아우구스티누스는 성경을 정확한 과학 논문으로 바꿀 때의 위험을 직시하였다. 특히 창세기를 염두에 두고는 다음과 같이 기록하였다.

"우리 시야 저 너머에 있는 대단히 모호한 문제와 관련해, 우리는 성경의 내용 가운데 신앙에 해가 되지 않으면서 문자와는 사뭇 다르게 해석할 수 있는 구절을 발견한다. 이 경우, 무작정 달려들어 한쪽으로 치우친 견해를 강력히 주장해서는 안된다. 이 후 진실을 탐구하는 과정에서 그 견해의 오류가 드러나면 우리도 함께 무너져 버린다."

어거스틴의 이 말을 들으면서 가장 먼저 생각나는 것은 중세 시대에 우주의 중심을 지구로 알고 모든 천체가 지구를 중심으로 돈다는 학설인 천동설을 철저하게 믿었던 과거 천주교 리더들의 어리석음일 것입니다. 그 결과 천동설이 무너지면서 교회도 흔들리고 하나님의 권위마저도 위태롭게 되었습니다.

곧 콜린스의 이 말은 성경의 낱말 하나하나를 근거로 창조론을 주장하는 것의 위험성에 관해서 이야기하고 있습니다. 그렇다고 해서 진화론이 옳다는 말도 아닙니다. 콜린스의 이 말은 우리가 어떤 견해를 가지고 있든지 간에 상관없이 이미 갖고 있는 선입견을 내려놓고 좀 더 열린 마음을 가질 필요가 있음을 시사해 주는 것입니다.

실제로 많은 그리스도인 가운데는 진화론을 지지하는 분들도 많이 있습니다. 소위 유신론적 진화론이라는 것이 그것입니다. 반면에 창조론을 주장하는 분들도 있습니다. 저는 개인적으로 창조론을 지지하고 있습니다.

Ⅱ. 창조 선언의 의미

1. 우연성의 배격

창세기 1장 1절은 이렇게 선언합니다. **"태초에 하나님이 천지를 창조하시니라"** 그렇다면 이 창조 선언의 의미는 무엇일까요? 창세기의 창조에 관한 기사가 목적으로 하는 것은 이 세상은 '우연'이 아니라 하나님에 의해 만들어졌다는 것입니다. **"그러므로 성경은 진화론이 근거하고 있는 '우연성'에 대해서 배격하고 있는 것입니다."** 우연성을 배격하고 있다는 것은 다시 말해서 이 세상이 하나님의 철저한 계획과 섭리에 의해서 만들어졌다는 뜻입니다.

2. 과학의 종교화에 대한 저항

창세기의 창조 선언은 과학의 종교화에 대한 저항이라고 할 수 있습니다. 창조에 관한 기사가 그 시대의 과학적 사고방식과 늘 경쟁하는 관계에 있었다는 것입니다. 과학은 시대마다 늘 종교화하는 경향을 가지고 있습니다. 과학은 늘 그 시대의 시대정신과 부합하는 경향이 있습니다. 그래서 사람들이 늘 그것에 매료되는 특성이 있습니다. 그것이 절대적으로 옳다는 것이 아니라, 그 시대에 부합하다는 의미에서 그렇습니다. 그런 면에서 과학은 때때로 그 시대 사람들의 마음을 종교화하는 경향이 늘 있어 왔습니다. 창세기의 창조에 관한 이야기는 바로 이러한 종교화하는 과학에 대해서 그것을 깨뜨리는 하나님의 선언입니다.

밑에 있는 표는 성경과 인류의 역사에 나타난 과학적이고 합리적인 사고방식이 어떻게 그 시대의 종교심과 결합되었는지를 보여주는 표입니다.

바알신앙	• 바알은 풍요를 가져다 주는 신(구름과 폭풍과 관련)으로서, 이스라엘에서는 곡식의 성장과 결실을 주관하는 신으로 믿어졌습니다. 그런데 이 신의 움직임은 계절의 변화와 일치했습니다. 가을이 끝나고 겨울이 오면, 죽었다가 봄이 되면 다시금 살아난다고 이해되어졌습니다. 이것은 바알이라는 신이 당시의 과학적이고 합리적인 지식과 일치했음을 나타내 줍니다. 그리고 이러한 점에서 바알신앙은 당시의 사람들에게 합리적으로 이해되어지고 받아들여졌습니다. • 곧 바알신앙은 계절의 변화라는 과학적 지식이 종교화된 것이다. 성경은 바로 이 지점을 깨고 있다.
천문학과 점성술	• 점성술은 별들의 운행에 관한 과학적 지식과 그것이 인간의 운명에 관련이 있다는 종교적 미신이 결합한 것이다.
진화론	• 현대의 과학은 진화론이다. 진화론은 현대의 생물학과 무신론이라는 종교가 결합된 것이다. 진화론은 '우연성'이라는 것을 근거로 과학을 종교화하고 있는 것이다.

3. 모든 우주는 하나님의 섭리하에 창조되었다

결론적으로 창세기 1장 1절의 창조선언은 이 우주를 움직이고 있는 진정한 힘은 바로 하나님이심을 선언한 것입니다. 시대에 따라서 얼굴을 바꾸는, 과학의 우상화에 대한 명확한 반대를 표명하신 것입니다. 물론 이것은 과학이 전혀 쓸모없다는 그런 의미가 아닙니다. 과학은 꼭 필요하고 또 우리에게 도움을 주는 것이 틀림이 없습니다. 창세기의 기사는 과학이 과학의 자리를 벗어나서 종교화되는 것에 대한 경고를 하고 있는 것입니다.

제 2과

하나님의
창조 2

핵심성구(창세기 1장 1절)

"태초에 하나님이
  천지를 창조하시니라"

I. 서론

우리 그리스도인들은 '창조'라는 말을 듣게 되면,
일반적으로 '**하나님의 창조**'를 가리키는 말로 이해를 합니다.
그러나 세속적인 사회 속에서 이 말은 보다 다양한 의미로 사용되기도 합니다.
특히 '**창조적**'이라는 말은 때때로 기막힌 발명이나 발견,
혹은 획기적이거나 거대한 시대적 생각의 전환 혹은 회사 등에서
생각지 못한 방법으로 일을 처리할 때에 사용되어지기도 합니다.
심지어 어떤 자동차 회사에서는 자동차 이름에다가 'Genesis'(창조)라는 말을
사용하기도 하고, 정치권에서는 '창조경제'라는 말을 사용하기도 합니다.

그렇다면 성경에서 정확하게 말하는 '**창조**'의 의미는 어떤 것일까요?
기본적으로 '**창조**'라는 말은 '**만들다**'라는 의미를 가진 말입니다.
그러나 누가 만드느냐와 어떻게 만드느냐에 따라서 이 '**만들다**'라는 말은
다른 내용과 의미를 가질 수도 있습니다.
그래서 히브리어 성경은 '**만들다**'라는 의미를 가진
다양한 동사들을 사용함으로써
하나님의 창조가 어떤 의미인지를 밝히고 있습니다.

히브리어 동사에서 '만들다'라는 의미를 가진 동사는 꽤 여러 개가 있습니다. 그러나 그 중에서 가장 많이 사용되는 동사는 세 가지 정도입니다. 이 세가지 동사가 각각 어떻게 다른지를 보게 되면, 우리는 '하나님의 창조'가 가지는 다양한 의미를 구분하여 볼 수 있게 됩니다.

II. 창조의 종류

1. 창조의 종류

　성경에서 하나님의 '창조'에 쓰인 단어들은 참 다양합니다. 그 중에서 가장 자주 쓰이는 단어들은 히브리어 원문을 따라서 '바라'(בָּרָא)창조, '야차르'(יָצַר)창조, '아사'(עָשָׂה)창조입니다.

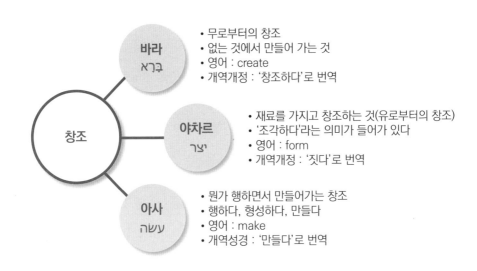

　1) 바라(בָּרָא) 창조

　'바라' 창조는 신학자에 따라서 그 의미가 크게 두 가지로 나뉩니다. 첫째는 "**무(無)로부터의 창조"를 의미한다는 견해입니다.** 무(無)로부터의 창조는 아무런 질료(재료)없이 이루어진 창조이며, 아무런 수고와 노력도 없이 일어나는 창조를 말합니다. 그러나 이 말이 하나님이 아무것도 하지 않으셨다는 의미는 아닙니다. 하나님은 말씀하심으로써 모든 만물을 창조하셨습니다. 곧 모든 만물은 우연의 산물이 아니라 하나님의 섭리의 결과입니다.

　'바라' 창조의 두번재 의미는 **'하나님의 의도하시는 질서대로 만들어 가시는 것'**으로써의 창조를 말합니다. 태초의 창조는 인간이 살아가기에 적합한 완결된 의미로서의 창조는 아니었습니다. 그 창조의 결과물을 창세기 1장 2절은 이렇게 말합니다. **"땅이 혼돈하고 공허하며 흑암이 깊음 위에 있고 하나님의 영은 수면 위에 운행하시니라"**. 따라서 하나님은 이 완결되지 않은 창조를 에덴동산이 지시하는 바, 기쁨의 동산이 될 때까지 6일의 창조를 진행하십니다. 신학자들은 이러한 창조의 전 과정을 '바라' 창조로 이해를 합니다. 그러니까 하나님의 '바라' 창조는 하나님의 질서를 지향하는 것이며, 그 과정에서 혼돈과 공허를 제거하여, 흑암의 세력을 물리치고 기쁨의 동산이 되도록 만들어 가시는 전과정을 의미하는 것입니다.

이러한 '바라' 창조는 종종 인간의 내면을 새롭게 하는 경우에도 적용이 되는 것으로 성경은 말하고 있습니다. 대표적으로 시편 51편 10절이 그것입니다. **"하나님이여 내 속에 정한 마음을 창조하시고 내 안에 정직한 영을 새롭게 하소서"**. 이 본문에서 **'창조'**라는 단어는 인간의 내면을 새롭게 하는 의미로 사용되었습니다. 인간의 내면이 새롭게 창조되어지는 것도 '바라' 창조의 영역임을 보여주는 것입니다. 그래서 예수님을 믿음으로 인간이 새롭게 되어지는 것은 단순한 인간의 마음의 개방성이나 마음의 씻음 정도가 아니라 새로운 하나님의 '바라' 창조의 영역인 것입니다. 고린도후서 5장 17절은 그것을 가장 잘 설명해주는 구절입니다. **"그런즉 누구든지 그리스도 안에 있으면 새로운 피조물이라 이전 것은 지나갔으니 보라 새 것이 되었도다"**(고후5:17).

바울사도는 로마서 4장 17절에서 **"기록된 바 내가 너를 많은 민족의 조상으로 세웠다 하심과 같으니 그가 믿은 바 하나님은 죽은 자를 살리시며 없는 것을 있는 것으로 부르시는 이시니라"**고 했습니다. 하나님이 아브라함을 선택한 일 자체를 '바라' 창조의 영역으로 비유를 한 것입니다. 아브라함은 믿음의 조상이 될 수 있는 자격이 없음에도 불구하고 하나님은 그를 믿음의 조상으로 부르셨습니다. 이것이야말로 '바라' 창조의 영역이라는 것입니다. 마찬가지로 아무 자격없는 우리를 예수님의 보혈의 피로 씻어주시고 하나님의 자녀 삼아주신 것이야말로 바로 '바라' 창조인 것입니다. 있을 수 없는 일이 일어난 것이기 때문입니다.

또한 이러한 사실은 우리가 삶의 어떠한 어려움 가운데서도 절망하지 말아야 하는 이유를 제공합니다. 우리의 상황이 아무리 혼돈과 공허로 가득차 있다고 할지라도, 없는 것을 있는 것으로 부르시는 하나님을 믿음으로 바라보면, 창조의 나님이 그 모든 문제를 해결해 주실 수 있기 때문입니다. 그런 현실을 돌파할 수 있는 가능성은 우리 안에 있지는 않습니다. 그러한 가능성은 우리 밖에서 옵니다. 우리를 초월하시는 하나님이 우리 인생에 관여하셔야만 가능한 것입니다. 그분은 없는 것을 있는 것으로 부르시는 분입니다. 인생이 하나님을 의지해야 하는 이유가 여기에 있습니다.

2) 야차르(יצר) 창조

'바라' 창조와 다른 것으로서 편의상 그것을 '야차르' 창조라고 부르겠습니다. '바라' 창조가 기본적으로 '무無로부터의 창조'를 가리키는 것이라면, '야차르' 창조는 기본적으로 '유有로부터의 창조'를 가리킵니다. 곧 **있는 것에서 있는 것을 만들어내는 것**을 가리키는 단어가 '야차르'입니다. 재료를 가지고 활용하면서 만드는 것을 의미합니다. 따라서 '야차르' 창조는 기본적으로 하나님만의 창조행위를 표현하는 말은 당연히 아닙니다. '야차르' 창조는 인간의 창조행위를 표현하는데도 사용이 됩니다.

'야차르' 창조에 또 독특한 점은 그 개념 속에 '조각하다' 혹은 '빚다'라는 의미가 내포되어 있다는 것입니다. 이것이 잘 표현된 것이 창세기 2장 7절입니다. **"여호와 하나님이 땅의 흙으로 사람을 지으시고 생기를 그 코에 불어넣으시니 사람이 생령이 되니라"**. 여기에서 '지으시고'라는 말이 바로 히브리어 '야차르'입니다. 하나님이 인간을 '야차르' 창조하셨다는 것은 하나님이 예술품을 빚듯이 혹은 조각하듯이 애지중지 인간을 만드셨다는 것을 의미합니다. 인간은 아무렇게나 만들어진 존재가 아닙니다. 하나님의 걸작품입니다. 이 책을 읽는 당신도 역시 마찬가지입니다. 또한 여기서 '야차르'는 히브리어로 미완료로 쓰였습니다. 이것은 인간이 현재 완성된 존재가 아니라 지금도 만들어져 가는 미완성의 존재임을 드러내 보여주고 있습니다. 이는 하나님이 창조의 능력이 모자라 미완이 아닙니다. 이에 대해 바울 사도는 **"내가 이미 얻었다 함도 아니요 온전히 이루었다 함도 아니라 오직 내가 그리스도 예수께 잡힌 바 된 그것을 잡으려고 달려가노라"**(빌3:12)고 했습니다. 바로 우리가 우리 자신을 하나님께 온전히 맡기게 될 때에 하나님은 우리를 온전하게 빚어가시는 것입니다.

3) 아사(עשה) 창조

'아사'라는 말은 히브리어로 '행하다'라는 일반적인 의미를 지니고 있는 말입니다. 이 단어는 '바라' 창조 대신에 쓰일 수도 있고, '야차르' 창조 대신에 쓰일 수도 있는 범용적인 말이라고 할 수 있습니다. 그래서 이 단어 자체적으로 큰 의미를 부여하기 힘들지만, 그래도 우리가 하나 생각해 보아야 하는 것은 모든 창조는 '행함'으로 이루어진다는 것입니다. 감이 떨어지기를 기다리는 것이 아니라 감을 따러 올라가야 한다는 뜻입니다. 여기에 좋은 속담이 있습니다. **'하늘은 스스로 돕는 자를 돕는다!'**

III. 새창조란 무엇인가?

이제까지 우리는 히브리어에서 창조와 관련된 동사 3가지를 살펴보았습니다. 이 동사들은 모두 다 그 나름대로의 가치가 있지만, 우리는 오늘 하나님의 창조인 '바라' 창조에 집중해 보려고 합니다. 아시다시피 '바라' 창조는 물질 세계의 창조뿐만이 아니라 광범위하게는 인간 내면의 새로운 창조에까지도 사용되어지는 말입니다. 이것은 우리에게 몇 가지를 시사해 줍니다.

1. 온 우주와 인간은 모두 새롭게 창조되어져야만 할 필요가 있다.

성경은 인간이 타락했음을 드러내 보여줍니다. 그 타락의 깊이와 넓이는 너무도 넓고 깊어서 창세기 6장에서 하나님은 인간을 멸절해 버리려고까지 하셨습니다. 또 이사야 59장 22절에서는 죄로 말미암아 인간과 하나님 사이의 그 깊고 넓은 고랑을 절절히 보여주고 있습니다. **"오직 너희 죄악이 너희와 너희 하나님 사이를 갈라 놓았고 너희 죄가 그의 얼굴을 가리어서 너희에게서 듣지 않으시게 함이니라"**(사59:2). 이러한 인간의 타락은 필연적으로 인간의 마음이 점진적인 어떤 노력으로 새롭게 될 수 있는 가능성을 제거해 버립니다. 인간은 인간의 노력으로 자신을 깨끗하게 할 수있는 것이 아니라, 하나님의 새로운 창조가 있어야만 그 마음이 새로워질 수 있습니다.

　인간뿐만이 아닙니다. 온 우주도 마찬가지입니다. 인간의 죄는 인간만 오염시킨 것이 아니라 이 세상까지도 오염시켰습니다. 창세기 3장 17절은 물질세계가 인간의 타락으로 영향받는 것이 분명하게 드러나 있습니다. **"아담에게 이르시되 네가 네 아내의 말을 듣고 내가 네게 먹지 말라 한 나무의 열매를 먹었은즉 땅은 너로 말미암아 저주를 받고 너는 네 평생에 수고하여야 그 소산을 먹으리라. 땅이 네게 가시덤불과 엉겅퀴를 낼 것이라 네가 먹을 것은 밭의 채소인즉"**(창3:17-18). 아담의 범죄로 말미암아 아무 죄도 없는 땅이 저주를 받았습니다. 저주받은 땅은 이제 인간을 저주하고 적대하는 존재로 변모했습니다. 온 세상이 서로를 대적하는 관계로 변한 것입니다.

　따라서 인간이 새롭게 되어야 할 뿐만이 아니라 온 물질세계, 곧 온 지구와 온 우주도 전적으로 새롭게 창조되어져야만 하는 것을 창세기는 암시하고 있습니다. 그리고 이러한 창세기의 암시는 성경의 다른 곳에서도 드러납니다. 특히 베드로후서 3장 10절은 이렇게 말씀합니다. **"그러나 주의 날이 도둑 같이 오리니 그 날에는 하늘이 큰 소리로 떠나가고 물질이 뜨거운 불에 풀어지고 땅과 그 중에 있는 모든 일이 드러나리로다"**. 물질세계가 뜨거운 불에 풀어져 녹아버린다는 것을 보여줍니다.

　그러나 이것은 세상의 마지막은 아닙니다. 하나님은 새하늘과 새 땅을 창조하시겠다고 약속하셨습니다. 따라서 물질세계가 뜨거운 불에 풀어지는 것은 새 하늘과 새 땅을 창조하시기 위한 하나의 과정입니다. 계시록 21장에서 요한사도는 새하늘과 새 땅에 관한 분명한 계시를 보여줍니다. **"또 내가 새 하늘과 새 땅을 보니 처음 하늘과 처음 땅이 없어졌고 바다도 다시 있지 않더라."**

2. 인간의 내면의 새 창조

　우주의 새 창조 전에 먼저 하나님은 인간을 새롭게 창조하시기 시작하셨습니다. 아니 하나님은 인간의 새로운 창조와 더불어 이 온 우주를 새롭게 창조하시기 시작하셨습니다. 그것을 위해 이 땅에 오신 분이 바로 예수 그리스도이십니다. 예수 그리스도는 이 땅을 덮고 있는 흑암의 권세를 일소하시기 위해 자신의 생명을 바치셨습니다. 그로 말미암아 예수님은 자신의 죄를 회개하고 예수님을 믿고 받아들인 모든 사람들을, 예수님 그 자신 안에서 자기와 하나된 자들을 구원하시고 새롭게 하실 수가 있습니다.

이렇게 죄를 씻음받고 심령이 새롭게 창조된 사람들은 하나님의 새로운 창조에 동참하는 사람들이 되었습니다. 그 가장 중요한 표지는 그의 인생의 목적이 달라지는 것으로 나타납니다.

고린도후서 15장 15절-17절애서 바울사도는 거듭난 그리스도인에 대해서 이렇게 말씀합니다. **"저가 모든 사람을 대신하여 죽으심은 산 자들로 하여금 다시는 저희 자신을 위하여 살지않고 오직**

> ### [인간 내면의 새 창조]
>
> - 예수님의 십자가의 죽음과 부활로 말미암는다
> - 회개하고 예수님을 영접함으로. 참빛이신 예수님이 내 속에 들어오신다.
> - 예수님께서 내 속에 들어오셔서 내 속을 정리해 가지시면서 점차로 내 인생의 목표가 바뀐다. 나를 위한 삶에서 그리스도를 위한 삶으로.
> - 그리스도 안에서 진정한 내 존재가 세워지면서 내 안에 참된 기쁨이 충만하게 된다.

저희를 대신하여 죽었다가 다시 사신 자를 위하여 살게 하려 함이니라". 이 말의 그 인생의 목적이 이제는 바뀌었다는 뜻입니다. 이전까지 그는 자신의 욕망과 야망을 따라 살았지만, 이제 그는 예수님을 위하여 사는 존재로 바뀌었다는 뜻입니다. 나 자신을 위한 삶에서 그리스도를 위한 삶으로 바뀌는 것입니다. 그러므로 예수님을 믿는다고 하면서 인생의 목적이 달라지지 않은 사람은 자신이 과연 예수님을 믿는 것인지 아닌지를 심각하게 고민해 보아야 합니다.

물론 처음부터 이렇게 단호한 변화가 나타나지 않을 수도 있습니다. 그러나 예수님을 믿는 사람 속에서는 겉으로 드러나지 않지만 엄청난 변화들이 그 내면 속에서 일어납니다. 바로 흑암의 세력인 혼돈과 공허가 자리하고 있던 우리의 내면이 점차로 기쁨이 있고 질서가 있는 에덴의 삶으로 바뀌어 가는 것입니다. 물론 이 과정은 단 번에 일어나는 것은 아닙니다. 태초의 창조가 6일의 시간이 필요했듯이, 이 내면의 새로운 창조도 시간이 필요합니다. 이러한 새로운 창조는 아담과 하와가 망가뜨렸던 에덴(기쁨)의 삶을 다시 회복시켜 갑니다. 이 기쁨의 삶이 회복됨에 따라 인간은 태초에 하나님께서 인간에게 주어졌던 다스림의 역할을 회복하고, 하나님의 온 우주적 다스림에 동참하게 됩니다.

3. 온 우주의 새창조

하나님의 새 창조는 단순히 인간 내면의 새 창조에서 머물지 않습니다. 하나님의 새 창조는 물질의 새로운 창조도 포함합니다. 베드로 사도의 고백처럼 모든 물질이 뜨거운 불에 풀어지고 새로운 창조의 모습으로 바뀌게 됩니다. 이것을 새하늘과 새 땅이라고 표현합니다. 이 때에 사람도 이제까자의 형체를 벗고 전혀 새로운 몸을 입게 됩니다. 바울사도는 고린도전서 15장 53절에서 이렇게 말합니다. **"이 썩을 것이 반드시 썩지 아니할 것을 입겠고 이 죽을 것이 죽지 아니함을 입으리로다"**.

이러한 온전한 변화를 예수님은 부활하신 몸을 통해서 친히 우리에게 보여주셨습니다. 예수님의 부활하신 몸은 우리가 지금 입고 있는 몸과는 본질적으로 다른 것이었습니다. 그 몸은 시간과 공간의 제약을 받지 않았고, 그럼에도 불구하고 귀신이나 단순한 영들과는 다르게 음식을 먹을 수 있었으며, 그 몸에 영광의 상처를 가지고 계신 몸이었습니다. 우리의 모습은 이러한 예수님의 부활하신 모습처럼 변화되어질 것입니다. 이것이 인간이 새롭게 창조될 모습입니다. 성경은 끊임없이 이것을 우리에게 보여주고 있습니다. 그리고 우리에게 우리 자신을 위한 삶이 아니라 예수 그리스도를 위한 삶을 살기로 변화되기를 요구하고 있습니다.

1. 현재 당신에게 존재하거나 닥친 혼돈과 공허의 상황은 어떠한 상황입니까?

2. 당신은 없는 것을 있는 것같이 부르시는 하나님의 창조의 능력이 당신의 상황을 변화시킬 수 있다는 것을 믿습니까? 그렇다면 당신은 당신의 인생을 지금 하나님께 맡기고 있습니까?

3. 당신은 당신의 모습에 대해서, 그것이 외면이든 내면이든 어떤 불만이나 불만족이 있습니까? 서로 나누어 봅시다.

4. 당신은 하나님이 당신을 예술품을 조각하듯이 만드셨다는 사실을 받아들일 준비가 되어 있습니까? 그렇지 않다면 그 이유는 무엇입니까?

5. 나 자신을 인간의 평가기준이 아니라 하나님의 기준으로 판단해 보면 나는 어떤 존재일 것 같습니까? 요한복음 3장 16절을 읽어보면서 답변해 봅시다.

제 3과

누가
주인인가

핵심성구(창세기 1장 1절)

"태초에 하나님이
천지를 창조하시니라"

I. 서론

모세골 공동체를 만든 임영수 목사의 주기도문 해설책에 노벨문학상 작가인 엘리웨젤의 우화가 실려 있습니다.

어떤 사람이 하늘 왕좌에 앉은 하나님 앞에 가서 물었습니다.

"사람 노릇과 하나님 노릇 중에 어느 편이 더 힘들다고 생각하십니까?"

"하나님 노릇이 더 힘들지"

하나님의 답변이었습니다.

"나는 온 우주, 온 은하계와 별들을 신경써야 한다. 인간인 그대야 식구들과 직장밖에 신경 쓸 게 더 있는가?"

"그건 그렇죠"

사람이 되받았습니다.

"하지만 하나님께는 무한정한 시간과 능력이 있지 않습니까? 문제는 일을 해내는 것 자체가 아니라 한정된 능력과 짧은 인생살이 동안 해야 한다는 것이지요. 그게 힘들다는 거에요."

하나님이 대답하였습니다.

"그대는 도대체 자기가 무슨 말을 하고 있는지도 모르는군. 하나님 노릇은 상상할 수 없이 힘든 일이야"

"하나님은 어떻게 그렇게 자신 있게 말씀하실 수가 있습니까? 하나님은 사람 노릇을 해보신 일이 없고 저는 하나님이 되어 본 적이 없는데요. 그러면 우리 딱 1초 동안만 자리를 바꿔보면 어떨까요? 그러면 하나님은 사람으로 살아가는 것이 어떤 기분인지, 저는 하나님 입장에 서는 게 어떤 기분인지 피차 알게 되지 않겠습니까? 딱 1초만 그렇게 한 뒤 다시 바꾸면 되지요."

하나님은 내키지 않았지만 사람이 워낙 졸라대자 마지못해 동의했고, 마침내 하나님과 사람이 서로 역할을 바꾸게 되었습니다. 하지만 일단 하나님의 자리에 앉은 그 사람은 다시 자리를 내주려 하지 않았고, 그 때부터 인간이 이 세상의 통치자가 되고 하나님은 멀리 내쫓기고 말았습니다.

이 우화가 우리에게 전해주는 메시지는 **'누가 주인인가'**라는 물음과 관련이 있습니다. 진짜 주인은 책임의식을 가지고 있는 사람입니다. 인간은 주인이 되고 싶어하지만 그 지위에 걸맞는 책임을 지고 싶어하지는 않습니다. 인간은 자신의 인생에만 관심이 있습니다. 자신의 성공과 욕망에만 관심이 있지, 이 지구와 온 우주에 대한 책임감은 존재하지 않습니다. 여기서 인간은 이 세상의 진짜 주인이 아니라는 것이 드러납니다. 심지어 자기 자신의 인생도 책임지려고 하지 않습니다. 아니 사실은 그럴 능력도 존재하지 않습니다.

그렇다면 이 세상과 나의 진정한 주인은 누구입니까? 창세기 1장 1절은 바로 그 이야기를 우리에게 들려주고 있습니다.

II. 하나님이 세상의 주인입니다.

1. '태초'가 지시하는 의미

태초라는 말은 히브리어로 "베레쉬트"라고 합니다. 이 말이 중요한 것은 그것이 시간의 시작이나 혹은 그 이전을 의미하는 뜻이 있기 때문입니다. 물론 창세기 1장에서 말하는 '태초'와 요한복음 1장 1절에서 말하는 **'태초'**는 그 시간적 좌표가 약간 다른 느낌이 있는 것도 사실입니다. 요한복음 1장 1절(태초에 말씀이 계시니라)의 '태초'는 일반적으로 세상이 창조되기 전의 지점을 가리키는 것으로 보이지만, 창세기 1장 1절(태초에 하나님이 천지를 창조하시니라)에서 말하는 **'태초'**는 그것이 요한복음과 같이 세상이 창조되기 전의 어떤 지점을 가리키는 것인지, 아니면 창세 후에 어떤 지점을 가리키는 것인지 논란이 있는 것도 사실입니다. 그러나 창세기 1장 1절의 '태초'는 그 모든 것을 함축하고 있는 언어로 보는 것이 좋습니다. 고대의 언어는 함축적이고, 보다 넓은 의미로 보아야 하는 경우가 많기 때문입니다. 그러니까 '태초'는 하나님이 천지를 창조하기 전에 하나님만이 존재하던 어떤 시점도 될 수 있고, 하나님이 천지를 창조하신 후, 그러나 아직 인간이 살기에 적합하지 못한 어느 시점을 이야기하는 것일 수도 있습니다.

그러나 그것이 어떤 의미이든 상관없이 '태초'라는 말이 가지는 근원적인 의미가 존재합니다. 그것은 '태초'는 기본적으로 **인간의 인식 밖의 시간**이라는 것입니다. 시간의 시작이 있기 전, 혹은 시간의 시작이라는 시간적 좌표는 인간의 인식 밖의 혹은 인식불가능성을 전제하는 개념입니다. 시간의 시작이 있기 전이 어떤 상태였는지, 혹은 그 당시에 누가 혹은 무엇이 존재했는지에 관해서 인간은 알 수가 없습니다. 왜냐하면 모든 만물은 시간의 시작과 함께 등장했기 때문입니다. 그런데 창세기는 시간의 시작 혹은 그 이전을 이야기합니다. 이것은 적어도 인간이 세상의 주인이 아니라는 것만큼은 명확히 드러내 줍니다. 적어도 인간이 이 세상의 시작에 관여할 수 없었다는 것만큼은 분명합니다.

2. 하나님이 세상의 주인입니다

인간이 세상의 시작에 관여할 수 없었다면 이 세상의 탄생에 관여한 것은 도대체 누구 혹은 무엇이었습니까? 그것에 관한 이해는 극단적으로 두 가지로 나뉘게 됩니다.

하나는 이 세상의 탄생은 '우연'에 의해 생겨났다고 하는 견해입니다. 이것은 세상의 과학자들이나 세속적인 사람들이 주장하고 있는 견해입니다. 특별히 진화론자들은 이 **'우연성'**이야말로 진화의 가장 큰 원동력이라고 말합니다. 이러한 견해에 의하면 세상의 주인은 하나님이 아닙니다. 세상은 주인이 없는 공허한 시공이 됩니다. 따라서 누구도 세상의 주인이라고 주장할 수 없지만, 반대로 누구나 세상의 주인을 자처할 수 있게 됩니다.

세상 사람들은 이 견해를 좋아합니다. 왜냐하면 이 우주의 주인이 하나님이라고 생각하게 되면, 왠지 그 하나님에게 구속되어야 할 것 같은 생각이 들고, 또 인간에게 자유가 없는 것만 같은 생각도 들고, 비도덕적으로 살지 못할 것만 같은 생각이 들기 때문입니다.

이 세상이 우연에 의해서 생겨났다고 한다면, 사람들은 굳이 도덕적으로 살지 않아도 상관이 없습니다. 물론 그럼에도 불구하고 도덕적으로 살아야 한다고 주장하는 사람들이 있을 수는 있겠지만, 그들의 주장은 그렇게 힘을 받지 못할 것이기 때문입니다. 어차피 죽으면 모든 것이 끝나는 것이 진리라고 한다면, 인간에게 있어서 최고의 지혜는 이 세상에 살 때에 마음껏 쾌락을 누리면서 하고 싶은 것을 다하고 사는 것이기 때문입니다. 그리고 바로 그러한 이유 때문에, 세상에는 스스로 주인되고 싶고 더 많은 쾌락을 누리고 싶은 사람들의 투쟁이 발생하게 됩니다.

성경은 특별히 노아의 시대를 이러한 시대로 묘사하고 있습니다. 아래 표는 노아 시대의 모습을 잘 보여주고 있습니다.

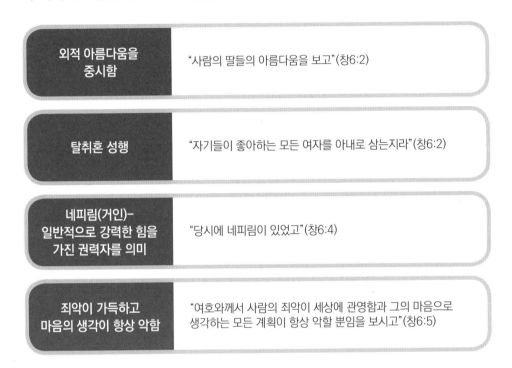

외적 아름다움을 중시함	"사람의 딸들의 아름다움을 보고"(창6:2)
탈취혼 성행	"자기들이 좋아하는 모든 여자를 아내로 삼는지라"(창6:2)
네피림(거인)- 일반적으로 강력한 힘을 가진 권력자를 의미	"당시에 네피림이 있었고"(창6:4)
죄악이 가득하고 마음의 생각이 항상 악함	"여호와께서 사람의 죄악이 세상에 관영함과 그의 마음으로 생각하는 모든 계획이 항상 악할 뿐임을 보시고"(창6:5)

이러한 노아시대의 시대상황은 바로 철저한 약육강식의 시대가 도래했음을 보여줍니다. 하나님이 없는 세대, 섭리가 아닌 우연이 지배하는 세상은 만인의 만인에 대한 투쟁의 시대를 부르게 됩니다.

그래서 이 세상의 탄생에 관한 두번째 견해는 이 세상은 '**하나님**'에 의해 생겨났다고 하는 견해입니다. 따라서 이 세상을 지배하는 것은 '**우연**'이 아니라 '**하나님의 섭리**'라고 하는 주장입니다. 이 견해에 의하면 사람이 도덕적으로 살아야 하는 이유는 하나님의 심판이 존재하기 때문입니다. 하나님은 우리의 행위대로 우리를 심판하신다는 것이지요.

창세기 1장 1절이 주장하는 것은 이 세상의 주인이 하나님이라는 것입니다. '**태초에 하나님이 천지를 창조하셨다**'(창1:1). 다시 말해서 인간의 인식 너머에 있는 '태초'라는 단어를 통해서 창세기는 인간이 기억할수도 인지할 수도 없는 그런 시간의 주인이신 하나님을 소개하고 있습니다. 인간이 인지할수도, 알 수도 없고 상상으로만 가능한 바로 그 지점에서 하나님은 천지를 창조하셨습니다. 이 말씀은 시간을 넘어서는, 초월하는 모든 변화는 인간의 능력으로는 불가능하고 오직 하나님의 능력으로만 가능함을 말해줍니다. 모든 초월적인 변화, 모든 무시간적 변화는 오로지 하나님만이 행하실 수 있습니다.

물론 이 시간을 넘어서고 초월하는 창조는 태초의 천지창조만을 의미하는 것은 아닙니다. 시편 51편은 10절은 이렇게 말씀합니다. "**하나님이여 내 속에 정한 마음을 창조하시고 내 안에 정직한 영을 새롭게 하소서**" 이것은 범죄한 다윗의 고백입니다. 다윗은 자신의 더러운 마음을 새롭게 창조해 달라고 하나님께 기도합니다. 여기서 우리가 알 수 있는 것은 시간을 넘어서는 하나님의 창조에는 인간의 마음을 새롭게 하는 것도 포함이 되어 있다는 것입니다.

하나님의 창조는 인간의 창조가 아닙니다. 하나님의 창조는 인간을 넘어서는 것입니다. 그러므로 그것이 천지창조이든 인간의 변화이든 간에 상관없이 인간의 능력으로는 불가능합니다. 이러한 시간을 넘어서는 창조의 경우에는 하나님만이 가능합니다. 그리고 인간은 오직 하나님 안에 있을 때에라야만 그 변화에 동참할 수 있습니다. 곧 예수님 안에 있지 않으면 이 무시간성 속으로 들어가는 초월의 역사, 믿음의 역사, 기적의 역사가 나타나지 않습니다. 그러므로 온전한 믿음을 가져야 합니다.

3. 인간의 스스로 주인이 되기를 결정했다

이 우주의 주인이신 하나님은 당신이 창조하신 이 땅의 어느 한 곳을 에덴동산으로 만드셨습니다. 에덴동산은 '**기쁨의 동산**'이라는 뜻입니다. 그리고 그 하나님의 충만한 기쁨이 온 땅 가운데 가득하기를 원하셨습니다. 그러니까 에덴동산은 일종의 하나님의 전진기지와 같은 공간이었습니다. 이곳에서 훈련받은 아담과 하와는 세상 곳곳으로 전진하여 그 모든 것을 하나님의 기쁨으로 충만하게 채워야 하는 사명이 있었습니다.

그러나 아담과 하와는 이 사명을 저버렸습니다. 모든 사명은 순종을 요구하며, 순종을 요구한다는 것은 때로는 우리가 이해하지 못할 하나님의 뜻도 있었다는 것을 의미합니다. 어쩌면 아담과 하와에게는 이것이 버거웠던 것이었을까요? 우리는 자세한 사정을 알 수는 없지만, 성경은 하나의 힌트를 줍니다. 창세기 3장 5절은 이렇게 말합니다. **"너희가 그것을 먹는 날에는 너희 눈이 밝아져 하나님과 같이 되어 선악을 알 줄 하나님이 아심이니라"**. 뱀의 말을 들은 인간은 하나님의 말이 불합리하다고 생각했습니다. 그 마음은 바로 하나님과 같이 되고 싶은 마음이었습니다. 뱀은 바로 그러한 인간의 심리를 꿰뚫고서는 이렇게 말한 것이지요. **"너희 눈이 밝아져 하나님과 같이 되어"**.

인간은 하나님이 주신 이성으로 합리적으로 생각해 볼 때에 하나님의 뜻이 불합리하다고 생각을 했던 것 같습니다. 그리고 그들 스스로 하나님과 같이 되고 싶었습니다. 뱀은 단지 그러한 인간의 마음을 유혹한 것뿐이었습니다. 더 나아가 인간은 하나님을 몰아내고 하나님의 자리를 차지하고 싶었습니다. **'내 마음대로 하고 싶었던 것'**입니다. 그리고 이렇게 인간이 스스로 주인이 되기를 결정하고 선악과를 먹었을 때에 인간은 자신의 중심에 있는 왕의 자리에서 하나님을 몰아내고, 스스로 자기 삶의 왕이 되고 말았습니다.

문제는 여기서 발생했습니다. 인간이 스스로 하나님의 자리를 차지한 순간 하나님이 만들어 놓았던 에덴의 기쁨이 사라져 버리고 말았습니다. 인간은 그의 내면이 다시금 **'혼돈과 공허'**로 돌아가 버리고 말았습니다. 그의 마음은 흑암이 지배하는 마음이 되고 말았습니다. 그 이유는 바로 선악과를 먹었기 때문입니다. 선악과는 선과 악을 결정하는 과일입니다. 이제까지 사람이 에덴에서 기쁨의 삶을 살 수 있었던 것은 하나님의 뜻대로 살았기 때문입니다. 하나님이 결정하는 선악대로 살았기 때문입니다. 그러나 이제 그는 그의 이성으로 선과 악을 결정해야했고, 당연하게도 그 결과는 그의 육체를 기쁘게 했을지는 몰라도 그에게서 참된 기쁨을 뺏아갔습니다. 기쁨이 사라진 자리에는 혼돈과 공허가 찾아왔습니다.

III. 새 창조는 하나님께
다시금 왕의 자리를 돌려드리는 과정이다.

이것으로 볼 때에 우리가 예수님을 믿는다는 것은 어떤 의미인가? 인간의 마음이 새롭게 창조된다는 것은 어떤 의미인가?

1. 왕의 자리를 다시금 하나님께 돌려드리는 것이다

예수님을 믿는다는 것은 하나님의 백성이 된다는 의미를 내포합니다. 베드로전서2장 9절은 이렇게 말씀합니다. **"그러나 너희는 택하신 족속이요 왕 같은 제사장들이요 거룩한 나라요 그의 소유가 된 백성이니 이는 너희를 어두운 데서 불러 내어 그의 기이한 빛에 들어가게 하신 이의 아름다운 덕을 선포하게 하려 하심이라"**. 하나의 왕국에서 왕의 명령은 절대적인 것입니다. 왕국의 백성은 왕의 명령을 어길 수 없습니다.

그러므로 우리가 예수님을 믿는다는 것은 이제까지 내가 왕이 되어서 살아왔던 삶을 내려놓고 내 안에 다시금 하나님이 왕되게 하는 일입니다. 내 뜻이 아니라 하나님의 뜻이 우선되게 만드는 것입니다. 물론 그러한 변화는 쉽사리 일어나지 않습니다. 왜냐하면 이제까지 우리가 살아왔던 삶의 관성과 습관이라는 것이 있어서 나도 모르게 내 뜻대로 살아가게 되기 때문입니다. 그렇기 때문에 여기에는 자꾸만 의도적으로 하나님께 자리를 내어드리는 훈련이 필요하게 됩니다.

2. 선과 악을 내 이성이 아니라 하나님의 뜻에 따르는 것이다.

하나님께 왕의 자리를 내어드린다는 것은 다른 것이 아닙니다. 내 이성과 이 이익에 따라서 내 삶을 선택하고 결정하는 것이 아니라, 하나님의 선하신 뜻에 따라서 내 삶을 결정하는 것입니다. 우리는 우리가 가장 합리적이고 이성적으로 선택한다고 하지만, 사실 우리는 합리적으로 생각하는 것이 아니라 우리 이익과 우리 관심과 우리 유익에 따라서 선택합니다. 그러므로 내 기준이 아니라 하나님이 나에게 원하시는 것이 무엇인지를 정확하게 알아서 결정할 수 있도록 해야 합니다.

3. 육체의 쾌락을 추구하는 것이 아니라 참된 기쁨을 추구하는 것이다.

　우리가 선택하는 것은 대부분이 다 우리의 욕망과 관련이 있습니다. 뱀이 하와를 유혹했을 때에 하와는 그 선악과를 보고 무엇을 느꼈습니까? 창세기 3장 6절은 그 장면을 이렇게 표현합니다. **"여자가 그 나무를 본즉 먹음직도 하고 보암직도 하고 지혜롭게 할 만큼 탐스럽기도 한 나무인지라 여자가 그 열매를 따먹고 자기와 함께 있는 남편에게도 주매 그도 먹은지라"**. 이러한 하와의 고백은 인간의 욕망이 그대로 드러나 있는 고백입니다. 자기의 욕망을 채우기 위해서 인간은 선악과도 먹습니다.

　그러나 예수님을 주님으로 고백하는 사람들의 삶의 모습은 좀 달라야 합니다. 예수님을 주님으로 고백하는 사람들은 그 인생의 목표가 쾌락이 되어서는 안됩니다. 그의 선택의 기준이 욕망이 되어서는 안됩니다. 하나님이 되어야 합니다. 그의 선택의 기준이 하나님이 되고, 하나님의 뜻이 되고, 하나님이 기뻐하시는 일이 될 때에 그의 삶에는 혼돈과 공허가 아니라 참된 기쁨이 나타나게 되어 있습니다. 그러므로 늘 주님의 뜻을 구하시는 성도의 삶이 되어야 합니다.

1. 당신은 당신의 삶 가운데서 자신이 이해할 수 없는 초월적인 영역이 있음을 믿습니까?
   보이지 않는 하나님의 손길이 당신을 보호하고 계심을 믿습니까?

2. 당신이 삶의 순간에 초월적인 하나님의 손길을 느꼈던 순간은 어느 때입니까? 당신은
   그 때에 처지에 있었습니까?

3. 당신의 삶 가운데서 가장 중요한 선택의 기준은 무엇입니까?
   (하나님의 뜻, 돈, 인간관계, 내 욕망, 아이, 가족, 남들의 시선)

4. 어떤 결정을 할 때에 당신은 하나님께 먼저 깊이 기도합니까? 아니라고 한다면 당신이
   생각하기에 왜 그렇다고 생각하십니까?

5. 당신이 정말로 기뻤을 때는 언제입니까? 왜 그렇게 기뻤다고 생각합니까?

6. 서로의 기도제목을 나누고 서로 기도합시다.

제 4과

땅(지구, 우주)의 상태

핵심성구(창세기 1장 2절)

"땅이 혼돈하고 공허하며 흑암이 깊음 위에 있고
하나님의 영은 수면 위에 운행하시니라"

Ⅰ. 땅의 상태

창세기 1장 1절이 하나님이 모든 만물을 만드셨음을 선포하고 있다고 한다면, 창세기 1장 2절은 하나님이 창조하신 땅의 문제에 관해서 이야기합니다. 창세기가 이렇게 바로 땅에 관한 이야기를 시작하는 것은 성경(특히 구약성경)이 "땅의 신학"이라고 표현할 정도로 땅(현실)을 중요시하기 때문입니다. 이 땅(현실)은 아직 하나님이 보시기에 완전한 창조의 모습은 아니었습니다. 곧 그 땅(물질세계)는 하나님의 창조에 있어서 아직 완벽하지 못한 구석이 있었다는 뜻입니다. 하나님이 완벽하지 못하다는 뜻이 아니라 이 땅이 아직은 창조의 과정 중에 있었다는 이야기입니다. 아직 창조가 완료되지 못한 땅의 상태에 관해서 창세기 1장 2절은 단 두 단어로 표시합니다. **"혼돈과 공허"**.

그런데 우리가 여기서 주의해야 할 것이 있습니다. 그것은 이것이 틀림없는 물질세계(창조세계)에 관한 이야기이지만, 종종 우리 마음의 상태를 비유하는 의미로도 읽을 수 있다는 사실입니다. 가령 예수님께서는 마태복음 13장에서 **'네 가지 땅에 떨어진 씨앗의 비유'**를 말씀하셨습니다. 그 비유에서 사람은 땅에 비유가 되었습니다. '길가와 같은 마음, 얇은 흙이 덮여 있는 돌밭과 같은 마음, 가시덤불 같은 것이 가득 자라는 마음, 마지막으로 좋은 땅과 같은 마음'. 이러한 땅은 바로 땅을 이야기하고 있지만, 인간의 마음밭의 상태를 이야기하기도 합니다.

오늘 우리가 읽은 창세기 1장 2절의 땅도 그렇게 읽을 가능성이 존재합니다. 물론 꼭 그렇게 읽어야 한다는 것은 아닙니다. 그래도 그렇게 읽어보면 혼돈과 공허,

그리고 흑암이라고 하는 단어들이 새롭게 다가오는 것도 사실입니다. 따라서 본서에서는 그런 관점도 조금 포함해서 읽어보겠습니다.

1. 혼돈(תֹהוּ)

혼돈은 히브리어로 '토후'(תֹהוּ)라고 합니다. 이것을 영어로 번역을 하게 되면 몇 가지의 의미로 해석이 되어집니다. 대표적인 의미로는 formless(형태가 갖추어 지지 않은), confusion(혼란스러움, 당혹, 혼동), unreality(현실성을 결여한, 실제성이 없는, 실제하지 않는), solitude(고독), emptiness(텅 비어 있는)이라는 의미가 그것입니다. 이것을 정리하면 아래 표와 같습니다.

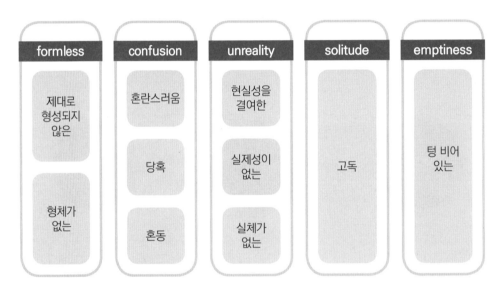

이러한 단어 자체의 의미를 살펴보게 되면, 이 단어가 의미하는 바를 우리가 쉽게 이해하게 됩니다. 이 단어를 태초에 창조된 땅에 적용할 경우에는 당연하게도 무엇하나 제대로 형태를 갖추지 못하고, 정리되지 못하고, 만물이 실체를 갖지 못한 그런 상태를 표현하는 단어라는 것을 의미합니다. 마치 뜨거운 불에 모든 것이 녹아 있는 상태와 같습니다. 그러나 그 용암과 같은 것이 식으면 어떤 것은 바위가 되고, 어떤 것은 쇠나 금이나 은과 같은 것으로 드러나는 것처럼 아직은 용암과 같이 모든 것이 분명히 드러나지 않은 땅의 상태를 나타내는 것입니다. 때로는 아무 것도 존재하지 않는 땅의 모양을 표현하는 단어이기도 합니다.

그러나 이것이 인간의 마음에 적용이 되게 되면 더 깊은 의미를 갖추게 되는 것도 사실입니다. 뭔가 정리되지 않은 마음, 혼란과 혼동이 가득한 마음, 고독하고 텅비어 있는 마음, 현실에 살지 못하고 상상 속에 살고 있는 마음(게임이나 소설에 빠져 살고 있는) 등등은 충분히 인간에게도 적용이 가능한 부분이 아닌가 생각이 듭니다. 특별히 이것이 윤리적인 영역으로 들어가게 되면 그것은 선과 악에 대한 인간의 혼란스러움 혹은 모호함을 표현하는 말로 옮겨질 수도 있습니다.

신학자 폴 틸리히는 이렇게 이야기했습니다. **"선과 악 사이의 심오한 모호함이 인간이 행하는 모든 일 속에 스며들어 있는데, 그 이유는 그것(비존재)이 인간의 개인적인 존재에 퍼져있기 때문이다"**. 다시 말해서 인간이 선과 악에 대한 올바른 결정을 내리지 못하는 이유는 무엇이 선인지 무엇이 악인지가 굉장히 모호하기 때문이라는 것입니다. 그런데 그 선과 악이 모호한 이유가 바로 비존재(나중에 설명)가 인간존재 깊숙이 스며들었기 때문이라는 것입니다. 그리고 이러한 선과 악에 대한 모호함은 결국 인간의 도덕적 자기긍정을 위협하게 된다고 틸리히는 말합니다.

이렇게 선과 악에 대한 모호함은 결국 한 인간 개인에게 있어서 **'거짓/거짓말'**이라는 형태로 자신을 드러냅니다. 선과 악이 분명하다면 하지 않았을 거짓을 사람들은 행하기 시작합니다. 그들은 먼저 자기자신을 기만합니다. 자기자신을 속이지 않은 사람은 다른 사람을 진실로 속일 수 없기 때문입니다. 자기기만을 켜켜이 쌓아올려 자기자신을 속이고, 마침내는 다른 사람들까지도 속여 버리게 됩니다. 이렇게 거짓은 또 다시 사람을 혼돈 가운데로 이끌고 가게 됩니다. 그래서 사람들은 자신들이 악하게 행동하는지도 인식하지 못하는 가운데 악을 행하게 됩니다.

2. 공허(בהו)

공허는 히브리어로 '보후'(בהו)라고 합니다. 공허는 히브리어 '혼돈'(토후)과 그 의미가 겹치는 부분이 많이 있습니다. 그러나 언어의 뉘앙스상 약간의 의미차이가 존재합니다. 히브리어 '보후'(בהו)도 영어로 번역할 경우 몇 가지 의미로 번역이 되어집니다. 가장 많은 의미는 void(비어있는)입니다. 그 외에도 Holladay사전은 'waste'(낭비하다/(가치를 인정받지 못하거나 엉뚱한 곳에) 헛되이 주다[쓰다/하다]) 라는 말로 번역을 하기도 합니다. 이것을 정리하면 아래의 표와 같습니다.

이 공허라는 단어를 태초의 창조물인 땅에 적용을 하게 되면, 이 땅의 상태가 마땅히 있어야 할 것들이 없는 텅 비어 있는 공간이었음을 의미하는 단어임을 알게 됩니다. 곧 생명이 존재하지 않는 공간을 의미합니다.

그러나 이 단어가 인간의 마음에 쓰이게 되면 좀 더 깊은 의미를 우리에게 부여할 수 있을 것 같습니다. 그것은 곧 인간의 마음 속에 들어있는 공허감을 나타내기 때문입니다. 공허감이라는 말은 '**텅 빈 것 같은 마음**'을 의미합니다. 조금 더 깊이 들어가게 되면 '**무의미성**'을 나타내게 되는 것이지요. 곧 일상생활에서 내 삶의 의미를 찾지 못하는 것으로 나타나게 됩니다. 내 삶이나 나 자신을 긍정하지 못하게 되고, 자꾸만 부정적으로만 바라보게 됩니다.

이러한 공허함은 내 존재 안에서 믿음이 무너지게 될 때에 발생하게 됩니다. 다시 말해서 의심이 믿음을 압도하게 될 때에 발생하게 됩니다. 스캇 펙은 이렇게 공허감이 발생하는 원인을 몇 가지로 분류해서 우리에게 전해주고 있습니다.

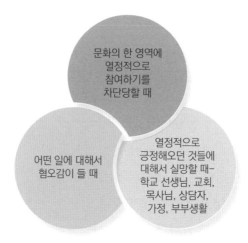

이러한 여러가지 원인들로 인해서 우리는 종종 공허감에 시달리며, 자신의 존재가치에 대해서 회의감과 무의미성에 시달리는 경험을 하게 됩니다. 이것을 극복하지 못하게 되면 그것은 사람들에게 여러가지 삶의 형태로 나타나게 됩니다. 바로 **'낭비하는 습관이 나타나게 되는 것'**입니다. 내 존재가 인정받지 못하기 때문에 다른 것으로 나를 채우려고 하는 현상이 나타나게 되는 것이지요. 이렇게 해서도 의미를 찾지 못하게 되면, 자신의 생명을 버리는 경우까지 가게 되는 일이 발생하기도 합니다.

그러므로 내 인생이 의미가 있다는 것을 발견하는 것은 무척이나 중요한 일입니다. 성경은 바로 이렇게 공허와 무의미성에 시달리는 사람들을 향해서 그들이 하나님께 얼마나 중요한 존재인지를 끊임없이 말해주고 있습니다.

요한복음 3장 16절	• 하나님이 세상을 이처럼 사랑하사 독생자를 주셨으니 이를 그를 믿는 자마다 멸망치 않고 영생을 얻게 하려 하심이라.
마태복음 16장 26절	• 사람이 만일 온 천하를 얻고도 제 목숨을 잃으면 무엇이 유익하리요 사람이 무엇을 주고 제 목숨과 바꾸겠느냐
요한1서 4장 16절	• 하나님이 우리를 사랑하시는 사랑을 우리가 알고 믿었노니 하나님은 사랑이시라 사랑 안에 거하는 자는 하나님 안에 거하고 하나님도 그의 안에 거하시느니라

그러므로 내가 하나님께 얼마나 소중한 존재인지, 하나님이 나를 위해서 어떤 것을 희생하셨는지를 꼭 기억해야 합니다.

II. 흑암이 깊음 위에 있었다

1. 흑암(darkness, חֹשֶׁךְ)과 깊음의 의미

태초의 상태는 '혼돈하고 공허'했습니다. 이것을 다른 말로 풀이하고 있는 것이 바로 다음 문장에 나옵니다. 창세기 1장 2절은 총 세개의 문장으로 구성되어 있는데, 첫째는 **'땅이 혼돈하고 공허했다'**는 것이고, 둘째는 **'흑암이 깊음 위에 있었다'**는 뜻이고, 셋째는 **'하나님의 영은 수면 위에 운행하고 계셨다'**는 것입니다. 그렇다면 이것은 땅이 한편으로는 혼돈하고 공허했다는 뜻이고, 다른 한 측면에서 바라보았을 때에는 '흑암이 깊음 위에 있었다'는 뜻이고, 또 한편으로는 그러한 땅을 하나님의 영이 돌보고 계셨다는 뜻이라고 해석할 수 있습니다.

흑암이라는 말은 히브리어로는 '호쉐크'(חֹשֶׁךְ)입니다. 이 단어는 기본적으로 빛이 존재하지 않은 어둠의 상태를 일컫는 말입니다. 앞이 보이지 않는 상태를 의미합니다. 빛이 조금이라도 있어야 앞이 보이는데, 조금의 빛조차도 없는 상태를 의미하는 것입니다.

반면에 '깊음'이라는 단어는 히브리어로 '테홈'(תְּהוֹם)입니다. 테홈은 '태고의 바다'를 뜻하는 단어입니다. 아마도 태초의 지구는 깊은 바다로 뒤덮여 있었던 것 같습니다. 그리고 그 깊은 바다가 덮고 있는 바다의 표면을 깊은 심연의 어둠이 휘감고 있는 것이 바로 지구의 모습이었다는 뜻입니다.

2. 흑암(darkness, חֹשֶׁךְ)과 깊음의 신학적인 깊이

그런데 "흑암이 깊음 위에 있었다"는 말은 단순하게 태초의 지구의 물리적인 모습만을 조명한 문장은 아닙니다. 브루스 K. 월키교수는 그의 책 『창세기 주석』에서 이렇게 말합니다. **"땅은 생명이 거할 수 없는 흑암의 심연이었다. "흑암"과 "깊음"은 "빛"과 "육지"의 반대말로서 혼돈의 악(surd evil)을 함축한다(출15:8; 잠2:13)".** 그러니까 흑암이라는 것이 단순하게 물리적인 어둠을 의미하는 것뿐만이 아니라 영적인 어둠을 함축한 단어라는 뜻입니다. 이런 관점에서 보게 되면, 혼돈과 공허가 등장할 수 밖에 없는 배경은 바로 이렇게 어둠이 온 세상을 덮고 있기 때문에 그렇다고 말할 수가 있습니다.

　마태복음 27장에 보게 되면, 예수님이 십자가에서 죽으시는 장면이 묘사되어 있습니다. 그 중 45절-46절을 보면 **"제육시로부터 온 땅에 어둠이 임하여 제구시 까지 계속되더니, 46 제구시쯤에 예수께서 크게 소리 질러 이르시되 엘리 엘리 라 마 사박다니 하시니 이는 곧 나의 하나님, 나의 하나님, 어찌하여 나를 버리셨나이 까 하는 뜻이라"**고 했습니다. 여기서 하늘을 덮은 어둠은 물리적인 어둠을 의미하 는 것이기도 하지만, 영적인 어둠을 함축적으로 표현하고 있습니다. 영적인 어둠 앞에 서게 되면 사람은 두려움에 떨게 되고, 이 두려움은 사람이 한 발자국도 앞으 로 나아가지 못하게 합니다.

3. 오늘날의 영적인 현실과 흑암

　태고의 바다를 덮고 있는 것이 빛도 없는 어둠이었다고 한다면, 오늘날 이 세상 을 덮고 있는 것은 무엇입니까? 성경은 그것을 사탄이라는 말로 표현하고 있습니 다. 에베소서 2장 2절은 이렇게 말씀하고 있습니다. **"그 때에 너희는 그 가운데서 행하여 이 세상 풍조를 따르고 공중의 권세 잡은 자를 따랐으니 곧 지금 불순종의 아들들 가운데서 역사하는 영이라"(엡2:2).** 고대인들에게 있어서 땅이 사람의 공간 이요, 천상은 하나님과 천사들의 공간이고, 하늘(우주)는 천상에서 쫓겨난 악한 영 들의 거처라는 생각이 있었습니다. 그러나 꼭 이렇게 해석해야 할 필요는 없고, 오 늘날 '공중'이라는 것은 이 세상을 지배하고 있는 사상이나 이념, 인본주의적 혹은 유물론적 사고방식, 세계관 등을 의미한다고 생각할 수도 있습니다.

　당연하게도 이러한 것 중에는 **'복수심'**도 포함이 되어 있습니다. 그러나 예수님 은 복수는 하나님께 속한 것임을 분명히 하셨습니다. 누가복음 18장 1절-8절은 한 과부가 하나님을 두려워하지 않는 재판관을 찾아와 밤낮으로 울부짖는 비유가 나 오는데, 이 밤낮 울부짖는 여인의 간구를 끝내는 이 재판관이 귀찮아서라도 들어준 다는 비유입니다. 그런데 이 비유의 핵심은 결국 진정한 복수(원한)는 인간이 하는 것이 아니라 '하나님'이 하시는 것임을 보여줍니다. 그러므로 하나님이 택하신 사 람들이 선택해야 하는 것은 복수가 아니라 하나님에 대한 믿음임을 보여줍니다.

Ⅲ. 하나님의 영은 수면 위에 운행하고 계셨다

1. 서론

창세기 1장 2절의 세가지 문장 중에서 마지막에 있는 문장은 "하나님의 영은 수면 위에 운행하셨다"는 문장입니다. 첫번재 문장이 **"혼돈과 공허 가운데 있는 땅"**에 대해서, 둘째 문장이 **'깊은 바다 위를 덮고 있는 짙은 어둠'**에 관해서 서술하고 있다고 한다면. 셋째 문장은 태고의 땅에서 벌어지고 있던 다른 측면의 이야기를 들려주고 있습니다. 처음 두 문장이 현실에 대한 직시였다고 한다면, 마지막 세번째 문장은 그 현실 속에서의 하나님의 활동에 관해서 말하고 있습니다. 곧 바로 그렇게 혼돈하고 공허한 세상 속에서, 흑암이 온 세상을 덮고 있는 그 상황 속에서 하나님은 도대체 무엇을 하고 계셨나하는 것에 대한 대답입니다.

이러한 질문은 오늘날에도 횡행하고 있습니다. **"하나님이 살아계시다고 한다면, 어째서 이런 비극적인 일이 발생해야 한다는 말입니까?" "하나님이 살아계시다면 어째서 이 땅에서 악한 사람들이 잘되어야 합니까?" "하나님이 살아계시다면, 왜 제 인생에서 이런 일이 발생했습니까?"** 등등.

2. 하나님은 그 때 무엇을 하셨습니까?

그것에 대한 대답의 한 귀절이 오늘 성경에 나와 있습니다. **"하나님의 영은 수면 위에 운행하고 계셨다"**. '운행하다'라는 말은 영어로는 'hovering' 혹은 'moving'이라는 말로 번역이 됩니다. 'hovering'은 헬리콥터나 잠자리가 제자리에서 맴도는 것을 설명하는 말이고, 'moving'은 뭔가 하나님의 영이 그 깊은 어둠의 물 위를 움직이고 계셨다는 뜻입니다.

그런데 이 '운행하다'라는 동사는 구약성경에서 단 두번 사용됩니다. 한번은 이곳 창세기 1장 2절이고 다른 한 번은 신명기 32장 11절입니다. **"마치 독수리가 자기의 보금자리를 어지럽게 하며 자기의 새끼 위에 너풀거리며 그의 날개를 펴서 새끼를 받으며 그의 날개 위에 그것을 업는 것 같이"**(신32:11). 신명기 32장의 이미지에서 '운행하다'라는 말은 어미 독수리가 자기 새끼를 보호하기 위해서 둥지 위에서 맴돌거나 보호하는 모습을 의미하는 말입니다. 그렇다면 창세기 1장 2절에서 말하는 '운행하다'라는 의미도 하나님이 그렇게 흑암 속에 휩싸여 있는 이 땅, 혼돈과 공허 속에 있는 이 땅을 하나님이 지키고 보호하셨다는 의미로 이해해야 합니다.

이러한 이해는 오늘 하나님이 우리에게 무엇을 하고 계시는지에 대해서 다시금 돌아보게 합니다. 우리는 종종 질문합니다. **"하나님 제가 그렇게 어려울 때 도대체 하나님은 무엇을 하고 계셨습니까?". "내가 그렇게 외로울 때, 괴로워 고통할 때, 몸부림치면서 하나님을 찾을 때 주님은 어디 계셨습니까?".** 여기에 대한 대답을 본문은 우리에게 보여주고 있습니다. 이러한 대답은 또한 로마서 8장 26절-27절에 더 분명한 모습으로 드러납니다. **"이와 같이 성령도 우리의 연약함을 도우시나니 우리는 마땅히 기도할 바를 알지 못하나 오직 성령이 말할 수 없는 탄식으로 우리를 위하여 친히 간구하시느니라. 27 마음을 살피시는 이가 성령의 생각을 아시나니 이는 성령이 하나님의 뜻대로 성도를 위하여 간구하심이니라"**

우리는 때로 하나님을 인식할 수 없고, 하나님이 없는 것감 같은 고통을 지납니다. 그 고통 속에서 우리는 어떻게 기도해야 할지를 몰라서 기도도 못하고 깊은 어둠의 밤을 지나기도 했습니다. 그러나 나는 알지 못하지만 성령님께서 말할 수 없는 탄식으로 우리를 위해서 기도하고 계셨습니다. 그래서 나는 알지 못하지만 그 어둠을 이겨내고 이 자리에 있을 수 있었습니다. 이것이 바울사도가 하고 싶은 이야기입니다.

혹시 오늘 힘이 드십니까? 어둠 속을 지나고 있습니까? 당신이 인식할 수 없을지 모르겠지만, 그럼에도 불구하고 하나님이 당신을 지키신다는 사실을 기억하시기 바랍니다. 말할 수 없는 탄식으로 당신을 위해서 성령이 기도하시고 계시다는 사실을 기억하십시오. 독수리가 새끼를 보호하려고 끊임없이 둥지를 맴돌듯이 그렇게 하나님이 이제까지 당신과 함께 하셨다는 것을 기억하십시오. 그리고 한 발 한 발 믿음으로 걸으십시오. 주의 은총이 당신에게 가득하기를 기도합니다.

나 눔

1. 당신은 혼동스럽게 된 경험이 있습니까?
   도덕적(선악)혼란과 정체성 혼란 그리고 자기기만에 관해서 자신의 경험을 나누어 봅시다.

도덕적 혼란 (선악의혼란)	내로남불, 유전무죄..
	나 자신에 대한 부정적인 생각
정체성 혼란	나는 누구인가
	그리스도인? 세상적인 존재?
자기기만	나 자신을 속인 경험
	다른 사람을 속인 경험

2. 당신의 인생이 무의미하다거나 공허하다고 느낀 적이 있습니까?
   당신은 언제 불안함을 느꼈습니까?
   당신은 왜 그렇게 느꼈습니까?

문화적 차단	믿었던 일들에 대한 상처	혐오감
• 왕따의 경험 • 거절의 경험	• 직장, 가정, 교회 (목회자, 선생님), • 친구나 가족으로부터	• 어떤 사람 • 어떤 사건, 견해

3. 당신이 이러한 문제들로 혼란스러울 때 하나님은 무엇을 하고 계셨습니까?
   창세기 1장 2절을 읽어봅시다.
   "땅이 혼돈하고 공허하며 흑암이 깊음 위에 있고 하나님의 신은 수면에 운행하시니라."
   로마서 8장 26절-28절을 읽고 나에 대한 하나님의 관심을 확인합시다.

   _____

   _____

   _____

   _____

   _____

제 5과

하나님의 시각

핵심성구(창세기 1장 4절)

"빛이 하나님이 보시기에 좋았더라
하나님이 빛과 어두움을 나누사"

I. 서론

객관적 사실을 사실 그대로 바라볼 수 있으면 좋겠지만 모든 인간의 시각은 객관적 사실을 사실 그대로 바라보지 못합니다. 모든 바라봄에는 일정부분 가치판단이 포함되어 있습니다. 그래서 예전에는 역사연구에 있어서 객관적 사실을 중요하게 생각했지만 요즈음에는 객관적 사실 그 자체보다는 그것을 바라보는 사람의 역사적 관점이 더 중요하게 여겨지기도 합니다.

그렇다면 동일한 대상을 어떻게 바라볼 것인가 혹은 어떤 관점으로 바라볼 것인가하는 문제는 무척이나 중요합니다. 이것은 하나님과 사람 사이에서도 마찬가지입니다. 동일한 사건을 바라보는 관점이 하나님과 나 사이에 다를 수 있습니다. 곧 하나님이 대상(사물 혹은 사건)을 바라보는 시각과 내가 대상(사물 혹은 사건)을 바라보는 시각에 엄청난 차이가 존재할 수 있습니다. 그리고 그러한 차이는 서로 다른 결과를 우리 삶에 가져올 수도 있습니다.

II. 하나님의 관점(시각)

1. 창조행위에 대한 하나님 스스로의 평가

창세기 1장 3절은 천지창조의 첫째날에 하나님이 무슨 일을 하셨는지를 우리에게 설명해 주고 있습니다. 그것은 바로 '빛의 창조'였습니다. 하나님은 빛을 창조하실 때에 다른 어떤 방법을 사용하신 것이 아니라 말씀으로 빛을 창조하셨습니다. 하나님이 '빛이 있으라'고 말씀하시니까 빛이 있었던 것입니다. 그리고 그 후에 하나님이 빛을 창조하신 후에 그 결과에 대한 하나님의 평가가 있습니다. 그 평가는 이렇습니다. **"보시기에 좋았더라."**(창 1:4)

2. 보시기에 좋았더라

'보시기에 좋았다'라는 말은 히브리어 '보다'를 의미하는 단어 '라아'(רﭏﬣ)와 '좋은'이라고 하는 형용사 '토브'(טוב)가 그 속에 포함이 되어 있습니다. 그러므로 이 두 단어의 의미를 우리는 알아야만 합니다. 먼저 '좋았다'를 의미하는 히브리어 단어 '토브'(טוב)는 일반적으로 영어로는 'good'을 의미합니다. Good은 그것이 경제적이든 도덕적이든 모든 부분에서의 더 나은 상태를 의미합니다. 특별히 창세기 1장 4절에서 "좋았다"라는 의미의 히브리어 "토브(טוב)"는 하나님의 뜻이 이루어짐으로 인한 하나님의 흡족함을 나타냅니다.

'보다'라는 의미의 동사 '라아' (רﭏﬣ)는 기본적으로 두 가지의 의미를 가집니다. 첫째는 '두 눈으로 직접 본다'는 의미입니다. 둘째는 히브리어 '야다'와 같은 의미로 '이해하다'라는 의미를 가집니다. 왜냐하면 '라아'(רﭏﬣ) 자체가 꿰뚫어본다는 의미를 내포하고 있기 때문입니다.

그래서 이렇게 '라아' (רﭏﬣ)라는 동사와 '토브'(טוב)가 결합을 하게 되면, 그것은 **'~을 꿰뚫어보니 좋았다'**라는 의미가 됩니다. 특별히 그 주체가 하나님이 되시면, 그 의미는 더 깊어질 수밖에 없습니다. **'하나님이 꿰뚫어 보시니까 하나님의 선하신 의도에 맞게 아주 좋았다'**는 뜻이 되기 때문입니다.

그러니까 창세기 1장 4절에서 "보시기에 좋았다"라는 의미는 "하나님이 지으신 빛을 꿰뚫어 보시니까 하나니의 선하신 뜻에 맞게 아주 잘 되었다"는 의미가 됩니다.

III. '라아' (רָאָה)와 '토브'(טוֹב)가 사람에게 쓰이는 경우

히브리어 '라아' (רָאָה)와 '토브'(טוֹב)는 사물에만 쓰이는 것이 아니라 종종 사람에게도 사용이 되어집니다. 그리고 그것이 사람에게 사용되어지는 경우 매우 의미심장한 내용을 포함하게 되어 있습니다.

1. 이 단어들이 모세에게 사용된 경우

이 단어들의 결합이 가장 먼저 사람에게 사용된 예는 모세입니다. 출애굽기 2장 2절은 이렇게 말씀하고 있습니다. **"그 여자가 임신하여 아들을 낳으니 그가 잘 생긴 것을 보고 석달 동안 그를 숨겼으나"**(출2:2). 저는 처음에 이 문장을 보고 난 다음에 굉장히 마음이 불편했습니다. 왜냐하면 모세의 어머니가 모세가 잘 생긴 것을 보고 난 다음에 이 아이를 살려야겠다는 마음을 먹었기 때문입니다. 그러면 모세가 만일 못생겼으면 살리지 않으려고 했다는 말인가하는 불편한 마음이 들었기 때문입니다.

그런데 여기서 문장을 자세히 살펴보면 그런 의미는 아니라는 사실을 알게 됩니다. 이 문장에서 '잘 생겼다'라는 말은 히브리어 '토브'이고, '보고'라는 말은 바로 히브리어 '라아'입니다. 그러므로 이 문장은 단순하게 모세가 외형적으로 잘생겼다는 뜻이 아닙니다. 모세의 어머니 요게벳이 영적으로 꿰뚫어보니까 모세가 하나님의 선하신 뜻(목적)에 합당한 아이라는 것을 알았다는 뜻입니다. 그러니까 요게벳은 단순히 자기 자식이니까, 고슴도치도 자기새끼는 예쁘다고 한다는 말처럼, 모세가 잘생겨 보인 것이 아닙니다. 요게벳은 모세를 보는 순간 모세를 향한 하나님의 선하신 뜻을 발견한 것입니다. 그래서 그녀는 자신의 모든 것을 걸고 모세를 살리기로 결정을 했습니다.

그러므로 출애굽기 2장 2절의 이 문장은, 한 여인이 영적으로 깨어 있으니까 하나님이 그 여인을 사용하셔서 하나님의 위대한 종 모세를 살리셨다고 하는 의미로 해석되어질 수 있습니다.

성경에는 이러한 여인이 또 나옵니다. 바로 사무엘상에 나오는 한나라고 하는 한 여인입니다. 하나님은 한나라고 하는 영적으로 깨어 있는 한 여인의 기도를 통해서 사무엘이라는 하는 위대한 선지자를 이 세상에 태어나게 하셨습니다.

이처럼 하나님은 영적으로 깨어있는 사람을 통해서 일하십니다. 영적으로 깨어 있다는 것은 단순하게 방언을 말한다든가 혹은 예언을 한다든가 하는 그런 의미가 아닙니다. 영적으로 깨어있다는 것은 하나님의 선하신 뜻에 자신의 눈을 맞추었다는 뜻입니다. 하나님의 보시는 대로 보았다는 뜻입니다. 하나님의 관점으로 보았다는 뜻입니다 하나님의 비전으로 세상을 보았다는 뜻입니다. 이것이 영적으로 깨어 있는 것입니다.

2. 이 단어들이 다윗에게 사용된 경우

히브리어 '라아'와 '토브'가 결합되어 사람에게 사용된 또다른 예는 바로 다윗입니다. 사무엘상 16장 12절은 그것을 이렇게 묘사합니다. **"이에 사람을 보내어 그를 데려오매 그의 빛이 붉고 눈이 빼어나고 얼굴이 아름답더라 여호와께서 이르시되 이가 그니 일어나 기름을 부으라 하시는지라"**(삼상16:12). 이 장면은 사무엘 선지자가 다윗을 처음 만나는 장면입니다.

이 본문에서 '얼굴이 아름답더라'라는 말은 히브리어 원어상 창세기에 나오는 '보시기에 좋았더라'라는 말과 거의 같습니다. [동사 '라아'(ראה)와 '토브'(טוב)의 결합]. 사무엘 선지자가 영적으로 꿰뚫어보니까 다윗이 하나님의 선하신 목적에 맞는 사람이라는 것을 발견했다는 뜻입니다.

반면에 사무엘이 다윗의 형 엘리압을 바라보았을 때에는 이러한 말이 쓰여 있지 않다. 히브리어 동사 '라아'(ראה)만 사용되고 선하심을 뜻하는 '토브'는 사용이 되지 않았습니다. 히브리어 동사 '라아'(ראה)만 사용될 경우 일반적으로 '라아'(ראה)의 두 가지 의미 중 첫번째, 곧 **'두 눈으로 직접 본다'**라는 의미만을 가지는 경우가 대부분입니다. 그러니까 사무엘 선지자가 이새의 맏아들 엘리압을 보았을 때에는 얼핏 보았습니다. 육적인 눈으로 본 것입니다. 곧 엘리압의 외형적인 잘생김만을 보고 그가 바로 왕이 될만하다고 생각했던 것입니다. 이것을 하나님이 책망하셨을 때에 사무엘 선지자의 눈이 열려서 다시금 자세히 살펴보게 된 것입니다.

오늘날 우리는 얼마나 자주 사무엘 선지자와 같은 잘못을 범하는지 모릅니다. 특별히 현대를 살아가는 우리는 너무나 자주 외형적인 아름다움에만 치중하여서 하나님의 선하심을 지나쳐 버릴 때가 많습니다. 하나님이 아무리 우리에게 보물을 주시려고 해도 우리가 영적으로 깨어있지 않으면 이러한 보물을 받지 못하는 것입니다. 사무엘 선지자는 영적으로 깨어있었기 때문에, 네가 잘못보았다는 하나님의 음성을 듣고 돌이킬 수가 있었던 것입니다.

3. 히브리어 '토브'만 사용된 경우

그런데 '라아'와 '토브' 중에서 '토브'만 사용된 경우도 있습니다 바로 이스라엘의 초대왕 사울입니다. 사무엘상 9장 2절은 이렇게 그 장면을 묘사합니다. **"기스에게 아들이 있으니 그의 이름은 사울이요 준수한 소년이라 이스라엘 자손 중에 그보다 더 준수한 자가 없고 키는 모든 백성보다 어깨 위만큼 더 컸더라".** 사울왕에 대한 묘사에서는 '라아'는 사용되지 않고, '토브'라는 형용사만 사용이 되어졌습니다. '토브'만 단독으로 사용되어질 경우, 그것이 특별히 사람에게 사용될 경우에는 일반적으로 육적이고 외형적인 아름다움을 표현하는 말로 사용이 되어집니다.

그러니까 이스라엘의 초대왕 사울은 외형적으로 다른 이스라엘 사람들보다 훨씬 더 잘생겼다는 뜻입니다. 그래서 보충하는 말로서 '키'에 관한 이야기가 등장하는 것입니다. 이것은 곧 하나님의 이스라엘 백성들의 요구에 의해 왕을 허락하기는 하지만, 당시에 아직 하나님이 만족할 만하고 보시기에 좋은, 하나님의 목적에 합당한 사람이 아직 등장하지 않았기 때문에, 이스라엘 사람들이 원하는 외형적인 조건으로 일단 왕을 세웠다고 보는 것으로 해석할 수 있습니다.

이스라엘 민족은 자신들의 마음에 맞는 왕을 원했습니다. 그 기준이라는 것은 이방인들이 좋아하는 기준이었습니다. 일단 키가 커야 했고, 자신들보다 잘생겨야 했습니다. 세상적인 기준입니다. 이것은 하나님의 기준은 아닙니다. 하나님은 이스라엘 사람들의 강경한 요구에 따라서 그들의 요구조건에 맞는 왕을 그들에게 주었습니다. 그 끝은 좋지 못했습니다. 이것을 통해서 우리의 요구조건대로, 우리가 원하는대로 된다는 것이 꼭 옳은 것만은 아니라는 사실을 우리는 알수가 있습니다. 하나님의 뜻에 합한 기도만이, 하나님의 눈으로 바라볼 수 있는 안목만이 우리를 가장 좋은 길로 인도합니다. 그러므로 내 기준이 아니라 하나님의 기준에 합한 삶을 살아갈 수 있어야 합니다.

Ⅳ. 하나님의 관점의 특징

위의 말씀을 통해서 우리는 중요한 사실 하나를 발견하게 됩니다. 하나님의 관점의 특징 중의 하나는 **'보시기에 좋았다'**라는 것입니다. 보시기에 좋았다는 말은 단순하게 모든 것을 긍정하는 말은 아닙니다. 그것이 하나님의 창조목적과 섭리와 뜻에 합치할 때에 그것이 좋은 것이라는 뜻입니다.

1. 하나님의 긍정과 세상의 긍정

'보시기에 좋았다'라는 말은 얼핏 긍정의 신학을 의미하는 것처럼 보입니다. 그러나 이 말은 **'모든 것이 좋다'** 혹은 **'믿는대로 된다'**는 류의 긍정의 신학과는 결이 다릅니다. 오늘날 가장 많이 팔리는 책은 '자기개발 서적'입니다. 이 자기개발 서적류의 특징이 바로 이러한 류의 긍정입니다.

믿으면 그대로 이루어진다
바라보는 대로 이루어진다
바라보는 대상을 바꾸어라

이런 내용은 일면 성경의 입장과 비슷해 보입니다. 이것이 성경에서 말하는 믿음인 것처럼 보이기도 합니다. 그러나 항상 이 부분이 기독교와 같은 것은 아닙니다. 세상의 긍정은 삶의 현실을 부정하는 것에서 시작합니다. 고난도 아픔도 부정합니다. 그래서 그들은 이렇게 말합니다. **"지금 내가 당하는 고통은 내가 바라보지 않았기 때문이야.".** **"나는 원래 이런 일을 할 사람이 아니야!".** 이런 류의 긍정은 자신의 현재를 부정하는 것에서 출발을 합니다. 이것은 삶에 대한 심리적인 도피입니다. 그 결과는 아무리 좋더라도 우리 인생에 긍정적이지 못합니다.

　　그러나 그리스도교의 긍정, 하나님의 관점에서의 긍정은 그런 것이 아닙니다. 하나님의 관점에서의 긍정은 하나님이 주신 현실을 긍정하는 것입니다. 창세기 1장 4절에서 '빛'이 생겼지만, 아직 여전히 생명이 살기엔 부적합하지만, 그럼에도 그것이 하나님 보시기엔 좋았던 것처럼, 우리 삶의 현실이 우리 눈에 마음에 들지 않더라도, 하나님이 이끌어 가시는 길이 우리 마음에 들지 않더라도 그것 자체를 긍정하는 것에서 출발하는 것이 하나님의 관점이고, 그리스도교의 긍정입니다. 곧 십자가의 긍정입니다.

　　예수님은 십자가를 지시기 전에 겟세마네 동산에서 땀이 피가 되도록 기도하셨습니다. **"나의 원대로 마시옵고 아버지의 원대로 하옵소서"**(마 26:39). 그 기도는 하나님의 현실을 받아들이는 기도였습니다. 창조의 과정을 받아들이는 기도였습니다. 하나님의 섭리를 믿고 받아들이는 기도였습니다. 현재를 이기고 나가는 기도였습니다. 이 기도만이 나를 바꾸고 세상을 바꿀 수 있는 기도입니다.

2. 하나님의 부정

　　하나님의 창조사역이 하나님의 선하신 섭리대로 되어질 때에 하나님은 "보시기에 좋았다"라고 선언하십니다. 이러한 표현은 창세기 1장에 자그마치 6번이나 등장을 합니다. 곧 날마다 하나니은 '보시기에 좋았다'고 만족감을 드러내셨습니다. 그리고 창조가 완성된 마지막에, 곧 인간을 창조하신 마지막에 하나님은 '보시기에 심히 좋았다'(창1:31)라고 자신의 만족감을 드러내셨습니다. 그만큼 인간이라는 존재가 자체가 하나님의 창조사역에 있어서 굉장히 중요한 역할을 감당하는 존재라는 사실이 여기서 드러납니다.

　　그러나 하나님이 늘 '보시기에 좋았다'고 말씀하신 것은 아닙니다. 이것은 하나님의 부정을 보게 되면 잘 알 수 있습니다. 그것은 바로 하나님이 남자만 만들고 난 다음 아직 여자를 만드시기 전에 그 상태에 관해서 부정적인 견해를 드러내셨습니다. 창세기 2장에서 18절은 이렇게 표현합니다. **"여호와 하나님이 이르시되 사람이 혼자 사는 것이 좋지 아니하니 내가 그를 위하여 돕는 배필을 지으리라 하시니라"**

이 본문에서 '좋지 아니하니'라는 말은 '로-토브'(לא-טוב)입니다. 곧 선한 것의 부정입니다. 하나님의 선한 목적과 비전에 맞지 않는다는 말입니다. 하나님의 창조목적에 맞지 않는다는 말입니다. 남자 혼자 사는 것, 인간이 혼자 사는 것이 그렇다는 말입니다. 그렇다면 하나님의 선한 목적은 무엇입니까? 창세기 1장 28절에 잘 나와 있습니다. **"하나님이 그들에게 복을 주시며 하나님이 그들에게 이르시되 생육하고 번성하여 땅에 충만하라 땅을 정복하라 바다의 물고기와 하늘의 새와 땅에 움직이는 모든 생물을 다스리라 하시니라"** 하나님의 목적은 인간이 생육하고 번성하는 것이었습니다. 그러나 남자 혼자 이 일을 이룰 수는 없는 것이기에, 그것은 '하나님이 보시기에 좋지 않은 것'입니다. 그러므로 우리는 여기서 하나님의 창조목적과 방향과 뜻에 맞지 않으면, 그것은 하나님이 보시기에 좋지 않은 것임을 알 수가 있습니다.

또한 이것은 인간이 홀로 거하는 것, 혹은 수평적인 관계를 맺지 못하는 삶이 보시기에 좋지 않았다는 뜻이기도 합니다. 인간은 다른 사람과 더불어 교제하고 살아가는 것이 하나님의 뜻이라는 말입니다.

1. 다음 그림을 보고 각자 시로의 해석을 말해 봅시디

2. 당신이 사용하는 언어습관은 어떤 종류입니까? 다음에서 골라봅시다.
   당신은 언제 불안함을 느꼈습니까?
   당신은 왜 그렇게 느꼈습니까?

잘 했어	난 할 수 없어	감사합니다		죄송합니다
예	각종 욕		넌 안돼	
아니요	재수 없어	난 할 수 있어	기도하자	좋아
	원망의 말			싫어
	내 탓이 아니야	고맙습니다	하나님이 도우실거야	사랑해
	헐		운명이야	

이 밖에도 당신이 자주 사용하는 단어나 문장은 어떤 것이 있습니까?
그것은 긍정적인 언어입니까 부정적인 언어입니까? 빈칸을 채워보세요.

제 6과

빛의 창조와
참 빛이신
예수 그리스도

핵심성구(창세기 1장 3절)

"하나님이 이르시되 빛이 있으라 하시니
빛이 있었고"

I. 서론

고백록에서 아우구스티누스는 하나님의 지도로 존재의 아주 깊은 곳까지 들어가 어떻게 빛들 중에서 변치 않는 빛을, 감각의 눈이나 정신의 눈으로 파악할 수 없는 빛을 보게 되었는지 이야기한다.

나 자신 속으로 들어갈 때 나는 소위 영혼의 눈으로, 육신의 눈도 정신도 미치지 않는 변치 않는 빛을 보았습니다. 그 빛은 육으로 받아 들이는 보통의 빛이 아니었습니다. 본질적으로 유사하지만 정도만 더한 빛, 그래서 더 밝게 빛나고 강렬함으로 모든 사물을 비추는 그런 빛도 아니었습니다. 그런 따위들과 완전히 다르고, 전적으로 구별되는 빛이었습니다. 그것은 물 위의 기름이나 땅 위의 하늘같이 내 마음 위에 있는 것도 내 위에 있는 것도 아니었습니다.

그런 빛은 아우구스티누스 존재의 깊은 곳에 있는, 그리고 모든 피조물 깊은 곳에 있는 빛이었다. 그는 이를 자존적 빛이라 말한다.

그 빛은 나를 만들었기에 내 위에 있고, 나는 그의 지음을 받았기에 그 아래 있었습니다.

그리고 나서 아우구스티누스는 신新신학자 시메온의 마음을 즐겁게 한 다음과 같은 진술을 한다. "진리를 알게 된 사람은 빛을 안다"

아우구스티누스는 그런 사람이었다.

— 윌리엄 존스톤의 『신비신학』중에서

II. 태초에 창조된 빛과 요한복음의 빛

1. 창세기 1장 3절의 빛

창세기 1장 3절은 빛의 창조에 관해서 말합니다. **"하나님이 이르시되 빛이 있으라 하시니 빛이 있었고"** 태초의 창조의 시작은 빛의 창조였습니다. 빛이 땅에 들어오면서 비로소 모든 만물이 질서를 찾아가기 시작했습니다. 그렇다면 이 빛에 관해서 알아보는 것은 매우 중요한 의미를 가집니다.

창세기 1장 3절의 빛은 히브리어로는 '오르'(אוֹר)라고 합니다. 이것을 70인역 성경(헬라어)은 '포스'(φῶς)로 번역을 했고, 라틴어 불가타 성경은 '룩스'(lux)로 번역을 했습니다. 우리에게는 오히려 '오르'라고 하는 히브리어보다는 '포스'라고 하는 헬라어나 '룩스'라고 하는 라틴어가 더 익숙할지도 모르겠습니다. 왜냐하면 '포스'는 영화 스타워즈의 '제다이'가 가지고 있는 힘이기 때문이고, 룩스라는 단어는 오늘날 일반적으로 빛의 밝기를 의미하는 단어이기 때문입니다.

그런데 우리가 창세기의 창조기사에서 주의해야 하는 것은 창세기의 첫째날에 창조한 '빛'과 창세기의 넷째 날에 창조한 '광명체'와의 관계입니다. 여기서 광명체라는 것은 해와 달, 혹은 별과 같은 빛을 뿜어내거나 반사하는 행성들을 의미하는 말입니다. 이러한 광명체는 첫째 날에 지은 빛을 구체화시키는 의미를 지닙니다. 곧 빛 자체를 창조한 날은 첫째 날이지만, 그 빛을 구체화하거나 뿜어내는 일종의 동력기관을 창조한 날은 넷째날이라고 할 수 있습니다.

2. 요한복음에서 말하는 빛

창세기 1장 3절과 좀 다른 의미의 '빛'에 관한 기록이 요한복음에 등장합니다. 요한복음 1장 4절은 이렇게 말씀합니다. **"그 안에 생명이 있었으니 이 생명은 사람들의 빛이라"** 구약성경이 히브리어로 쓰인 반면에 신약성경은 헬라어로 쓰였습니다. 그렇다면 요한복음 1장 4절에서 '빛'이라는 단어는 어떤 헬라어가 사용이 되었을까요? 여기서도 '빛'은 '포스'(φῶς)라는 단어가 사용이 되어졌습니다.

그렇다면 창세기 1장 3절에서 말하는 '빛'과 요한복음 1장 4절에서 말하는 '빛'

은 동일한 개념입니까? 그런데 그렇게 볼 수가 없습니다. 요한복음의 빛은 창세기의 빛과는 매우 다른 의미를 지닙니다. 창세기 1장 3절에서 밀하는 빛은 피조물로서의 빛을 의미하는 개념입니다. 그러나 요한복음 1장 4절에서 말하는 '**빛**'은 삼위일체 하나님이신 예수 그리스도를 지시하는 개념이기 때문입니다.

왜 그런가하면 요한복음 1장 4절에서 '빛'은 '생명'과 동의어로 쓰이고 있기 때문입니다. 물론 빛은 모든 만물을 자라게 한다는 점에서 생명과 밀접한 관련이 있는 것은 사실입니다. 그러나 요한복음 1장 9절-10절을 보면 이 빛이 단순하게 피조물로서의 빛 혹은 물리학적 의미에서의 빛을 의미하는 것이 아니라는 사실이 분명하게 드러납니다. "**9 참 빛 곧 세상에 와서 각 사람에게 비추는 빛이 있었나니, 10 그가 세상에 계셨으며 세상은 그로 말미암아 지은 바 되었으되 세상이 그를 알지 못하였고**". 이 구절을 보게 되면 당연하게도 요한복음에서 말하는 빛은 예수님을 가리키는 것이 분명해집니다. 그러므로 동일한 '빛'이라는 단어가 사용되었지만, 창세기와 요한복음의 빛은 서로 차원이 다른 빛이라는 사실을 우리는 명심하고 성경을 읽어야 합니다.

3. 빛 창조와 모형론

그렇다면 창세기의 '**빛**'과 요한복음의 '**빛**'은 아무런 관계도 없을까요? 아니면 어느 정도 어떤 관계성 속에 있을까요? 만일 어떤 관계 속에 있다면 그것은 어떤 의미일까요? 이것에 관해서 우리가 유의해서 보아야 할 견해는 청교도신학의 아버지라고 불리우는 조나단 에드워즈의 견해입니다.

조나단 에드워즈는 어느 날 산책하다가 이런 신적인 경험을 하게 됩니다. "**하나님의 탁월하심, 하나님의 지혜, 하나님의 순결함과 사랑이 만물 안에 나타나는 것처럼 보였다. 해, 달, 그리고 별, 구름과 푸른 하늘, 풀, 꽃, 나무, 물과 온갖 자연, 이 모든 것이 내 마음을 사로잡았다. 나는 자주 하나님의 감미로운 영광을 보기 위해 밤에는 앉아서 오랫동안 달을 바라보고 낮에는 구름과 하늘을 많이 바라보았다. 그러는 사이 창조주와 구속주에 대한 묵상은 나직한 노래로 바뀌었다.**"

조나단 에드워즈의 이러한 경험은 그가 천지만물 속에 드러나 있는 하나님의 천지창조의 목적을 발견하게 만들었습니다. 그는 이렇게 말합니다. "**하나님 안에는**

모든 선이 무한히 충만하게 존재한다. 모든 완전성, 온갖 탁월성과 아름다움 그리고 무한한 행복이 충만하게 존재한다. 그리고 이런 충만함은 퍼져나와 전달될 수 있는 것이다". 곧 에드워즈는 이 세상은 우연의 산물이 아니었고, 이 세상은 하나님의 영광과 아름다움을 받고 드러내기 위한 그릇이라는 것입니다. 세상은 하나님의 아름다움이 부어지는 그릇입니다. 당연하게도 하나님의 영광과 아름다움이 부어지는 이 그릇은 하나님의 영광과 아름다움을 온전히 담을 수 없고 그 영광과 아름다움은 만물 속에서 흘러넘칠 수밖에 없습니다. 영적으로 깨어 있는 사람은 이것을 발견할 것입니다.

이와 같은 조나단 에드워즈 목사님의 견해는 성경에 의해서도 뒷받침됩니다. 성경은 하나님을 알만한 것이 만물 속에 깃들어 있다고 말합니다. 그래서 그 분의 만물을 믿음의 눈으로 관찰하게 되면, 하나님을 알만한 것을 그 속에서 발견할 수 있다고 말합니다. **"창세로부터 그의 보이지 아니하는 것들 곧 그의 영원하신 능력과 신성이 그가 만드신 만물에 분명히 보여 알려졌나니 그러므로 그들이 핑계하지 못할지니라"(롬1:20)**

이러한 조나단 에드워즈와 로마서의 견해에 따른다면, 창세기 1장 3절의 '빛'과 요한복음 1장 4절의 '빛'의 관계에 대해서 그 연관성을 짐작해 볼 수 있을 것입니다. 곧 창세기 1장 3절의 '빛'은 요한복음 1장 4절의 '빛'에 대해서 유비의 관계 속에 있다고 할 수 있습니다. 창세기의 빛은 피조물에 불과하지만, 빛은 그 속성이 어둠을 몰아내고, 또한 모든 만물에 생명을 부여하는 특징을 가지고 있기 때문에, 그 자체로 예수 그리스도의 참 빛이 어떤 것인지를 설명하는 역할을 하는 것입니다. 그러므로 피조물로서의 빛, 물리학적 빛은 그 자체로 영원한 빛은 아니지만, 영원한 빛이며 생명의 빛이신 예수 그리스도의 속성을 설명해주는 역할을 하는 것입니다. 그러므로 우리는 이 빛 속에서 예수 그리스도의 빛을 짐작할 수 있고, 믿음의 눈으로 예수님을 발견할 수 있습니다. 그러나 이 물리적인 빛은 예수님은 아닙니다.

III. 성전 속의 빛

1. 성막의 구조

　유비에 관한 이야기를 하게되면 우리는 성막에 관한 이야기를 하지 않을 수가 없습니다. 성막의 구조는 아래와 같습니다.

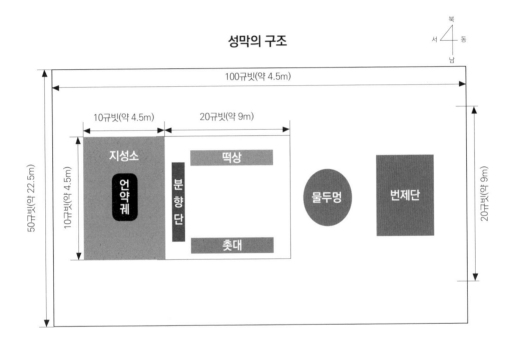

　이 구조에서 우리가 오늘 주목해 보아야 할 것은 성소입니다. 이 성소는 커다란 가죽덮개로 덮여 있었습니다. 따라서 원래 성소에는 **'빛'**이 존재하지 않는 암흑의 공간입니다. 그런데 이 어둠에 휩싸인 공간을 밝히는 성물이 하나 있습니다. 그것이 바로 촛대, 곧 메노라입니다. 이 촛대에서 밝혀지는 빛으로 말미암아 성소는 예배의 장소로 변화되게 됩니다. 곧 이 등잔대의 빛이 있어야만 하나님 앞으로 나아갈 수 있는 길이 열리는 것입니다. 예배는 진정한 빛이 우리 속에 들어오는 것입니다. 우리 속에 있던 어둠이 물러가고 참된 밝음(기쁨)이 드러나는 것이 예배입니다.

2. 메노라의 구성

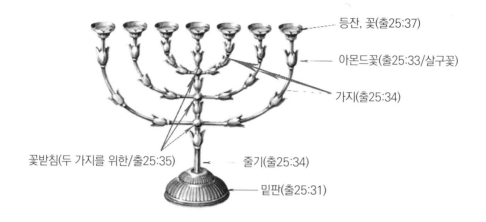

메노라는 황금으로 서로 연결되어진 일곱개의 등잔으로 구성이 되어 있습니다. 이 일곱개의 등잔은 일곱개의 꽃받침에 의해서 받쳐지고 있는데, 이것으로 보건데 등잔은 그 자체가 꽃이라는 것을 알게 됩니다. 그런데 진짜 꽃은 바로 이 등잔대에 붙여지는 불입니다. 이 일곱의 등잔대에 불이 붙어야 진정한 꽃이 피는 것입니다. 이 꽃이 일곱이 핀다는 것은 일곱이라는 숫자가 완전이라는 하나님의 숫자를 의미하는 것으로 볼 때에, 하나님의 뜻을 온전히 이루어 활짝 핀 것으로 볼 수 있습니다. 곧 하나님은 성도의 삶의 이렇게 일곱 촛불과 같이 활짝 피어나기를 원하시는 것입니다.

또 특별히 이 촛대의 줄기는 살구나무 가지로 되어 있고, 그 사이에는 살구나무 꽃이 피어있는 것을 보게 됩니다. 그런데 이것은 우리나라 말로는 살구꽃으로 번역이 되어졌지만, 사실은 원어상으로는 **'아몬드나무가지와 꽃'**을 의미하는 것입니다.

그렇다면 왜 아몬드나무일까요? 그 까닭은 바로 이 아몬드나무는 히브리어로 **'샤콰드'**(שקד)인데, 그 의미는 **'경계하다, 파수하다'**라는 뜻입니다. 다시 말해서 이 것은 두 가지 의미를 지닙니다. 하나는 하나님이 우리를 주무시지도 않고 파수하시고 지키신다는 뜻이고, 다른 하나는 우리도 바로 그렇게 우리 자신을 잘 살피고 하나님의 뜻을 지키려고 노력하는 삶을 살기를 원하신다는 뜻이 내포되어 있습니다. 그래서 하나님은 '아몬드 나무 꽃'으로 등잔대를 만들게 하신 것입니다.

또한 아몬드 나무는 성경에서 여러가지 이야기로 등장을 합니다.

야곱이야기(창세기 28장 15절)

- "내가 너와 함께 있어 네가 어디로 가든지 너를 지키며 너를 이끌어 이 땅으로 돌아오게 할지라 내가 네게 허락한 것을 다 이루기까지 너를 떠나지 아니하리라"(출28:15)
- 야곱은 이곳의 이름을 벧엘이라고 부르는데, 그 곳의 옛 이름은 루스였다고 성경은 말하고 있습니다. 여기서 '루스'는 바로 '아몬드 나무'를 의미하는 단어입니다. 하나님이 불꽃 같은 눈동자로 야곱을 지키시는 그곳이 바로 하나님이 집인 벧엘인 것입니다.

모세 이야기(출애굽기 3장 2절)

- "여호와의 사자가 떨기나무 가운데로부터 나오는 불꽃 안에서 그에게 나타나시니라 그가 보니 떨기나무에 불이 붙었으나 그 떨기나무가 사라지지 아니하는지라"(출3:2)
- 자기의 양떼도 아닌 장인의 양떼를 치고 있던 80세의 노인 모세는 어떤 의미에서 인생의 실패자라고 할 수도 있습니다. 그러나 떨기나무 속에서 불꽃으로 나타나신 하나님을 만남으로 말미암아 그의 인생이 바뀌게 됩니다. 열정도 없고 꿈도 없고 소망도 없이 죽어가던 인생이 완전히 바뀌게 되는 것입니다. 이것이 바로 '메노라'의 원형이라고 많은 학자들은 말합니다.

아론이야기(민수기 17장)

- "이튿날 모세가 증거의 장막에 들어가 본즉 레위 집을 위하여 낸 아론의 지팡이에 움이 돋고 순이 나고 꽃이 피어서 살구 열매가 열렸더라"(민17:8)
- 민수기 16장에서 고라와 다단과 아비람의 반역으로 지도력에 손상을 입은 모세와 아론. 하나님은 아론의 지팡이에서 싹이 나게 하심으로 말미암아 아론과 모세의 편이 되어 주셨습니다. 이것이 바로 메노라의 역사입니다. 죽은 것을 살리시는 부활의 역사. 죽은 생명을 살리시는 생명의 역사, 나의 편이 되어주시는 역사. 이것이 메노라의 역사입니다.

예레미야 이야기(예1:)

- "여호와의 말씀이 또 내게 임하니라 이르시되 예레미야야 네가 무엇을 보느냐 하시매 내가 대답하되 내가 살구나무 가지를 보나이다. 12 여호와께서 내게 이르시되 네가 잘 보았도다 이는 내가 내 말을 지켜 그대로 이루려 함이라 하시니라"
- 여기서 '지켜'라는 말이 살구나무와 비슷합니다. 하나님은 예레미야에게 살구나무를 보여주시면서 자신의 말씀을 꼭 지키시겠다는 약속을 주셨습니다. 어린 예레미야가 자신의 사명에 자신이 없어할 때 하나님은 아몬드 나무 가지를 보여주심으로써 자신이 예레미야를 돌보고 자신의 말씀을 반드시 이루실 것을 보여주셨습니다. 이것이 메노라(빛)의 역사입니다.

3. 빛으로 나아가서 빛이 되고 빛으로 살아간다(바로 삶이 꽃이 되게 하는 것이다)

메노라는 바로 이렇게 우리가 하나님께 나아가게 되면, 하나님의 생명의 빛이신 예수님이 우리 안에 비추게 되고, 우리 삶이 의미를 얻게 되고 완전히 바뀌게 되는 것을 드러내 줍니다. 그리고 이 빛을 받은 우리는 또한 주님의 빛이 됩니다. 예수님 께서는 자신의 제자들에게 이렇게 말씀하셨습니다. **"너희는 세상의 빛이라 산 위에 있는 동네가 숨겨지지 못할 것이요"**(마5:17). 이 당시 아직 세상의 눈으로 제자들은 빛이 아니었지만 주님은 그들을 빛으로 부르셨습니다. 이미 주님을 만난 그들은 마침내 빛이 되어질 것이기 때문입니다.

이러한 것을 통해서 알 수 있는 것은 예수님이 참빛이라는 것입니다. 그리고 우리가 그 빛을 받게 되면, 우리도 빛이 되어간다는 것입니다. 메노라는 바로 그것을 우리에게 보여주고 있습니다. 세상에서 불꽃이 되라는 뜻입니다. 세상을 환희 밝힐 생명의 꽃들이 되라는 메시지입니다. 하나님을 만나고, 그 만남이 여러분의 인생을 바꾸고, 마침내 우리 모두가 빛이 되는 것입니다. 꽃으로 피어납니다. 생명의 불꽃으로. 그것이 오늘 우리에게 원하시는 하나님의 메시지입니다. 여러분은 꽃이고 불꽃입니다.

1. 이 세상의 빛과 참빛이신 예수님의 차이는 무엇입니까?

2. 당신은 어떤 순간에 이 세상의 창조물 속에서 하나님의 영광, 아름다움, 빛, 광채를 발견했습니까? 서로 나누어 봅시다.

3. 당신은 어떤 순간에 하나님의 빛(메노라/진정한 예배)를 경험했습니까? 그리고 그것은 당신의 인생을 어떻게 변화시켰습니까?

4. 하나님이 당신을 지키시고, 당신의 편이 되어주시고, 당신을 바꾸시기를 원하신다는 것을 기억하십시오. 야곱, 모세, 아론, 예레미야의 일을 기억하십시오.

제 7과

질서를
세워가시는
하나님

핵심성구(창세기 1장 4절)

"빛이 하나님이 보시기에 좋았더라
하나님이 빛과 어둠을 나누사"

Ⅰ. 서론

주일 아침마다 우리 교회 맞은편에는 사람들이 긴 줄을 섭니다.
바로 경마하는 곳이 있기 때문입니다.
저는 그들을 바라보면서 이런 생각을 합니다.
'참, 같은 시간에 들어가는 곳이 너무 다르다.' 어떤 이들은 살아 계신 하나님을
예배하는 반면, 어떤 이들은 몸이 원하는 말초적인 것을 따라가기 때문입니다.

대기업에 다니는 한 남성 교우의 고백에 따르면, 회사 생활 중 가장 힘든
것이 동료들의 음담패설이라고 합니다. 그런 면에서는 그리스도인이나
비그리스도인이나 구별이 없답니다. 아마 그런 것을 남성 본연의 문화처럼
받아들이고 있는 까닭이겠지요. 젊은이들과 성에 대해 대화하다보면 이제
혼전순결을 지키는 것은 불가능한 시대가 됐다고 이야기합니다.
심지어 "다들 그렇게 하는데 더는 교회에서 죄의식 주지 맙시다."라는
목소리가 커지고 있습니다.

그러나 하나님은 우리에게 거룩하라고 명하십니다. 성경에서 말하는 거룩함은
'완전'이 아니라 세상으로부터의 '구별'됨입니다. 하나님은 우리를 쓰기 원하십니다.
그래서 우리가 세상 풍조로부터 구별되기를 원하십니다.
세상의 문화가 "다 그런 거 아니야?"라고 말하지만, 우리는 세상에 살더라도
거룩하게 구별된 삶을 살아야 합니다

– 2020년 5월 6일 생명의 삶 묵상에세이 『당신은 참 소중합니다/김두환』

하나님의 창조의 방법을 살펴보게 되면 대체로 하나의 일관된 방향성이 있습니다. 그것을 한마디로 표현하자고 하면 **'나누다'**라는 말입니다. 이 '나누다'라는 말을 조금 더 세분해 보면 **'나누다'**, **'구체화하다'** 그리고 **'종류대로'**라는 글자로 세분

할 수가 있습니다. 창세기의 창조는 바로 이러한 방식으로 창조가 진행되었음을 우리에게 보여줍니다. 그렇다면 하나님께서는 왜 이런 방식으로 창조를 진행하신 것일까요?

II. 나누시는 하나님

1. 창세기에 있어서의 나누기

창세기 1장에서 하나님의 창조는 **'나누는'** 방법으로 이루어집니다. 창세기 1장 4절에서 하나님은 **'빛과 어두움'**을 나누셨고, 창세기 16장 6절에서는 **'물과 물'**을 나누셨고, 창세기 1장 14절에서는 **'낮과 밤'**을 나누셨고, 셋째 날에는 명확하게 '나누다'라는 글자는 없지만 바다와 육지를 나누셨고, 또 넷째 날에는 광명체(해, 달, 별)을 만드셔서 그것들로 낮과 밤을 주관하게 하시고 빛과 어둠을 나누셨습니다.

이처럼 하나님의 창조는 **'나누는'** 방식으로 이루어졌음을 성경은 우리에게 보여주고 있습니다. 그렇다면 히브리어로 **'나누다'**라는 말은 어떤 말일까요? 히브리어로 '나누다'라는 말은 '바달'(בָּדַל)입니다. 이 동사가 창세기에는 능동사역형으로 쓰였습니다.

2. 히브리어 '바달' (בָּדַל)의 쓰임새

히브리어 바달은 단순하게 창세기에서처럼 물질을 나누는 것에만 한정되지 않습니다. 히브리어 바달의 다양한 쓰임새를 살펴보게 되면 아래와 같습니다.

쓰임새	본문
물질세계를 나누심	빛과 어두움(창1:4), 물과 물(창1:7), 낮과 밤(창1:14)
사람을 나누심	민족(이스라엘 민족)을 구별하심(출20:26)
	레위인을 구별하심(레8:14)
	아론과 그 자손을 구별하심(대상23:13)
	아삽과 헤만과 여두둔의 자손 구별(대상25:1)

쓰임새	본문
	성소와 지성소의 구별(출26:33)
장소를 구별하심	도피성 구분(신19:2)
제물을 찢음	비둘기를 찢음(레1:17)

위에서 살펴본 바와 같이 히브리어 **'바달'**은 결국 하나님의 창조가 물질적으로는 점점 구체화 혹은 세분화되어가는 과정을 설명하고 있습니다. 하나님의 창조의 방향은 구체화와 세분화입니다. 그것을 잘 설명하는 말이 바로 **"종류대로"**라는 말입니다.

그러나 물질 세계의 나눔과는 다른 방향성을 가지는 또다른 하나님의 창조가 있습니다. 그것은 바로 영적인 세계의 창조입니다. 영적인 세계의 창조의 방향성은 거룩과 세속, 그리고 정함과 부정함을 나누는 방향으로 나아갑니다. 이러한 영적인 세계의 **'나누심'**은 결국 하나님께 속한 것들과 그렇지 않은 것들을 나누시는 것을 의미합니다.

물론 모든 세계는 하나님이 만드신 세계이기 때문에, 엄밀하게 따지면 모든 것들은 다 하나니께 속한 것들입니다. 그러나 하나님께 속한 것들 중에서도 하나님께 속한 것과 그렇지 않은 것을 하나님은 나누십니다. 또 정한 것과 부정한 것을 나누십니다. 새하늘과 새 땅이 결국에는 거룩한 존재들만이 들어가는 공간이라고 생각해 볼 때에, 이 모든 것은 하나님이 더 나은 세상을 만드시고자 하는 하나님의 창조의 방향성이라고 이해되어집니다.

3. 거룩함과 속됨 그리고 정함과 부정함의 구별

거룩이라는 말은 기본적으로 두가지 의미를 지닙니다. 하나는 '분리하다'라는 의미이고, 다른 하나는 '완전하다'라는 의미입니다. 여기서 완전하다는 것은 흠과 결점이 없고 질서정연한 상태를 의미하는 개념입니다. 그러나 이러한 의미의 완전은 하나님께만 있을 수 있으므로, 거룩은 하나님의 영역을 일컫는 말이 되고, 속되다는 말은 하나님께 속하지 않음을 의미하는 말입니다.

반면에 정함과 부정함은 일반적으로 위생적인 의미로 이해하는 경우가 많지만, 이것은 기본적으로 관념적이고 정신적인 개념입니다. 여기에 관해서 김경열 교수는 **"불쾌하거나 불길한 느낌을 주는 말을 들었을 때에 '귀가 부정탔다'고 하거나 '다리를 떨면 부정을 타 복이 달아난다'는 말처럼 '부정탄다'는 표현의 심리적, 종교적 의미는 무엇인가 꺼림칙한 상태, 정상적이지 않은 상태를 말합니다. 성경의 정결-부정의 개념도 마찬가지입니다"**라고 했습니다.

그런데 거룩과 정결은 다른 개념임을 우리는 유의해서 보아야 합니다. 거룩과 정결은 비슷한 개념으로 보이지만, 다른 개념입니다. 곧 거룩은 정결보다 상위개념에 속합니다. 곧 정결한 짐승 중에서도 구별된 짐승만이 거룩한 짐승이 되는 것과 같습니다.

이것을 김경열 교수는 이런 표로 정리합니다.

4. 나눔의 방향성

이상의 여러가지 사실들을 통해서 우리는 하나님의 창조가 일정한 방향성을 지향한다는 사실을 발견하게 됩니다. 그것은 바로 **'나뉘는 것'**입니다. 그런데 이러한 나눔의 방향성은 두 가지 측면에서 이루어집니다. 하나는 **물리적 혹은 생물학적인 나눔**입니다. 이것은 창세기의 창조기사에서 분명하게 드러납니다. 빛과 어두움, 물과 물, 낮과 밤과 같은 물리적 상태의 나눔에서 시작해서, 좀 더 구체화되어지는 방향으로 나뉘어 집니다. 곧 광명체들을 창조하시면서 빛과 어둠을 구체화 시키고, 새와 물고기를 만드시면서 하늘과 바다의 영역을 구체화 시키시고, 지상의 생물, 곧 식물과 동물을 지으시면서 땅의 영역을 구체화 시키시는 것입니다. 뿐만이 아닙니다. 생물들 같은 경우에도 하나님은 그 종류대로 '나게'하심으로 말미암아 나뉘게 하십니다. 이것이 하나님의 창조의 방향성입니다.

그런데 이러한 나눔은 물리적인 영역에서만 이루어지지 않습니다. **윤리적인 영역에서도 나눔**이 진행됩니다. 그것은 바로 하나님의 창조는 **"거룩"**을 지향한다는 것입니다. 거룩은 하나님께 속한 것이고, 따라서 하나님은 모든 만물이 하나님께 속한 존재가 되도록 만들어 가시는 것이 하나님의 목적입니다. 그래서 하나님은 계속적으로 나누십니다. 정결한 것과 부정한 것을 나누시고, 거룩한 것과 속된 것을 나누시고, 선택받은 백성과 선택받지 않은 백성을 나누십니다. 이 모든 과정은 나누고 구별하는 과정입니다. 이렇게 하나님은 나누고 구별하는 과정을 통해서 하나님의 창조를 이끌어가십니다. 그리고 당신의 거룩한 백성을 만들어 가십니다.

III. 구원과 나눔

1. 예수님의 나누심

예수님은 하나님이시기 때문에 당연히 예수님의 창조행위를 통해서도 나눔이 발생하게 되어 있습니다. 그것은 바로 심판받을 자와 구원받을 자의 구분입니다. 요한복음 3장 17절-18절은 이렇게 말씀합니다. **"하나님이 그 아들을 세상에 보내**

신 것은 세상을 심판하려 하심이 아니요 그로 말미암아 세상이 구원을 받게 하려 하심이라. 18 그를 믿는 자는 심판을 받지 아니하는 것이요 믿지 아니하는 자는 하나님의 독생자의 이름을 믿지 아니하므로 벌써 심판을 받은 것이니라". 이 말씀에 따르면 예수님을 믿느냐 아니냐에 따라서 구원과 구원받지 못함이 나뉘게 되어있음을 보게 됩니다. 예수님을 믿는 까닭은 그 사람이 빛을 사랑하는 까닭이고, 예수님을 믿지 않는다는 것은 그 사람이 빛보다 어두움을 더 사랑하는 까닭이기 때문입니다. 곧 하나님을 사랑하는 자는 거룩의 영역에 속하게 되고, 어둠을 사랑하는 자는 심판의 영역에 머물게 되어집니다.

이것은 예수님의 양과 염소의 비유에서 더 분명하게 드러납니다. 마태복음 25장 31절-33절은 **"인자가 자기 영광으로 모든 천사와 함께 올 때에 자기 영광의 보좌에 앉으리니, 32 모든 민족을 그 앞에 모으고 각각 구분하기를 목자가 양과 염소를 구분하는 것 같이 하여, 33 양은 그 오른편에 염소는 왼편에 두리라"**고 말씀하고 있습니다. 예수님은 틀림없이 재림시에 어떤 구분이 있을 것임을 강하게 말씀하셨습니다.

2. 구원의 과정

요한웨슬레목사님은 구원의 과정을 이렇게 설명합니다.

선행적 은총

- 원죄로 인한 죄책은 하나님께서 값없이 모든 사람에게 주시는 선행적 은총, 곧 예수 그리스도의 대속의 무조건적인 공로로 해결된다. 그 결과 선행적 은총 아래에 있는 실존적인 인간은 원죄의 부패성만을 지니고 있다. 이 부패성 때문에 인간은 자범죄를 짓게 된다.

의인과 중생

- 의인과 중생은 동시적 사건입니다. .
- 자범죄로 인한 죄책은 의인에서 용서를 받아야 합니다.

이러한 구원의 과정은 거룩해지는 과정입니다. 그래서 세상과 온전히 나누어져서 하나님께 속하는 과정입니다.

3. 구원의 과정은 질서를 만들어가는 과정이다

구원의 과정에 관해서 살펴보게 되면, 이것은 다른 말로 질서를 만들어가는 과정이라고 볼 수 있습니다. 혼돈과 공허로 가득한 땅이 에덴동산으로 변화되어가는 것처럼, 인간의 마음 속에 있는 혼돈과 공허가 정리되어지고, 하나님께 속한 참 기쁨의 상태로 변화되어가는 것입니다. 곧 하나님이 우리의 마음 속에서 참 왕이 되시는 상태로 변화되어가는 것입니다. 바로 그 때에 우리 마음 속에서 참 기쁨이 넘치게 됩니다. 곧 참 기쁨의 상태는 내 속에 온전한 질서가 확립되어질 때에 이루어집니다.

그렇습니다. 하나님은 악이 지배하는 이 세상에서 우리를 선택하심으로 세상과 우리를 구별하셨습니다. 그리고 점점 더 거룩하게 만들어가심으로 말미암아 우리의 구원을 완성해 가십니다. 이러한 하나님의 구원의 과정에서 중요한 것은 질서를 세우심입니다.

4. 하나님의 나눔이 현실에 미치는 영향

하나님은 남자와 여자를 나누셨습니다. 그리고 그들에게 복을 주셨습니다. 이것은 남자와 여자의 결합으로 말미암아 생육하고 번성하는 복을 주시고자 하는 하나님의 뜻입니다. 그러므로 남자와 남자, 여자와 여자가 결합하는 것은 하나님의 뜻이 아닙니다. 창조의 방향성이 아닙니다. 하나님의 질서가 아닙니다.

남자와 여자가 구별된다고 해서, 그들이 상하의 관계가 되는 것이 아닙니다. 남자와 여자는 하나님 앞에서 동등한 인격체입니다. 그래서 유대전승에서는 하나님이 갈비뼈로 여자를 만든 이유가 남자와 동등한 관계에 있음을 나타내기 위해서라고 해석합니다. 물론 남자와 여자는 동등하지만, 한 가정의 대표성은 남자가 가지는 것으로 성경은 말합니다.

1. 세상속에서 그리스도인으로 살면서, 이 세상이 거룩하지 못하다고 느끼는 부분에는 어떤 것이 있습니까? 이 세상이 타락했다고 느끼는 때는 언제입니까? 그러한 세상 속에서 어떻게 하면 그리스도인의 정체성을 유지할 수 있는지 나누어봅시다.

2. 당신은 당신이 부정결하거나 혹은 거룩하지 못하다고 느낄 때는 언제입니까? 그럴 때 당신은 어떻게 반응합니까?

3. 당신은 성령충만 혹은 성결을 경험했습니까? 경험했다면 그 경험을 나누어봅시다.

핵심성구(창세기 1장 27절)

"하나님이 자기형상
곧 하나님의 형상대로
사람을 창조하시되
남자와 여자를 창조하시고"

I. 서론(인간이 존엄할 수 있는 이유)

우리는 흔히 인간은 존엄성을 가진다고 표현합니다. 그것을 잘 알려주는 것이 바로 헌법상의 조문입니다. 우리 헌법 제 10조는 이렇게 말합니다. **"모든 국민은 인간으로서의 존엄과 가치를 가지며, 행복을 추구할 권리를 가진다"**. 그렇다면 우리는 이런 질문을 할 수 있습니다. **"인간이 다른 동물이나 식물과 다르게 존엄성을 가지는 근거는 무엇인가?"**

아쉽게도 헌법은 인간이 존엄성을 가진다는 말은 하지만 왜 모든 국민은 인간의 존엄성을 가져야만 하는지에 대한 말은 하지 않습니다. 아니 사실 이 질문에 대답할 수 없는 것이 맞다고 할 수 있습니다. **"왜 인간은 다른 동물이나 식물 혹은 다른 존재와 다른가?"**. 이 질문에 대한 대답은 유물론적인 대답으로는 해결되지 않습니다. 유물론적인 대답에서는 모든 동물은 그 근원이 유기물이기 때문입니다. 이점에서 동물과 인간은 동일합니다. 동일한 물질로 이루어진 존재인 동물과 인간, 혹은 식물간에 있어서, 인간에게만 존엄성이 있다고 하는 것은 물질주의적 관점에 의해서는 인정되지 않는 논거입니다.

특히나 오늘날은 동물에 관해서까지도 특별한 권리를 인정해야 한다고 주장하는 시대입니다. 그런 시대 속에서 동물과는 다른 인간만이 가지는 존엄성이 존재한다면 그것은 어떤 근거에서 그러한가를 설명할 수 있어야 합니다. 또한 과학기술의 발달로 AI프로그램이나 로봇들이 등장하게 될 때에 과연 그것들과 다른 인간의 특별함과 존엄성의 근거는 어디에서 찾아야 하는지에 대해서 우리는 살펴보아야 합니다.

종래에 여기에 대해서는 많은 견해들이 있었습니다. 칸트와 같은 철학자들은 인간 이성에서 그 특별함을 발견했고, 어떤 자연과학자들은 인간이 말을 할 수 있다는데에서, 혹은 손을 사용할 수 있다는 것에서 인간의 존엄성의 근거를 발견합니다. 또는 18세기 시민계급의 대두로 말미암아 생겨난 천부인권사상 같은 경우에는 사람은 태어나면서부터 불가침의 기본적 인권을 가진다는 것에서 인간의 존엄성의 근거를 발견하기도 합니다.

그렇다면 과연 성경은 인간의 존엄성의 근거를 무엇이라고 말하고 있을까요? 성경에서 인간이 동물과 달리 특별하게 존엄한 이유는 하나님의 창조행위에서 찾을 수 있습니다. 성경은 하나님이 다른 생물, 즉 동물과 식물을 창조하실 때에는 특별한 언급을 하시지 않지만, 인간을 창조하실 때에는 아주 특별한 언급을 하시는 것을 볼 수 있습니다. 그것은 바로 사람을 **"하나님의 형상과 모양"**으로 만드셨다는 언급입니다. 그렇다면 도대체 하나님의 형상과 모양은 어떤 것이기에 인간이 특별하게 존엄한 존재가 됩니까?

II. 하나님의 형상의 언어적 의미

1. 하나님의 형상의 언어적 의미

하나님의 형상은 히브리어로는 **"첼렘"**(צֶלֶם), 헬라어로는 **"에이콘"**(εἰκών), 영어로는 **"이미지"**(Image)로 번역이 됩니다. 이러한 각각의 단어는 어느 정도 '형상'이라는 말이 가지고 있는 함의를 우리에게 드러내 주고 있습니다. 그러므로 이러한 단어적 의미를 음미해보게 되면, 우리는 형상이라는 말이 전달하려고 하는 의미를 파악할 수 있게 됩니다.

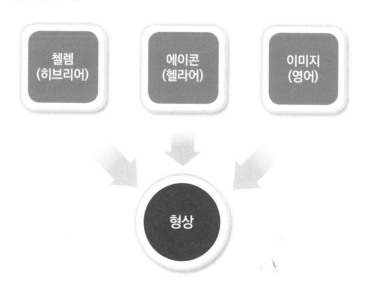

2. 하나님의 이미지(image)

우리는 이미지라는 말을 시각적인 의미로만 사용할 때가 많지만, 청각 이미지와 촉각 이미지, 미각 이미지 등도 모두 다 이미지의 일종입니다. 어쨌든 간에 이미지라는 말은 우리에게 무엇인가를 생각나게 합니다. 가령 어떤 사람이 첫 데이트를 하고 돌아왔다고 가정해 보겠습니다. 그 때에 친구들은 이렇게 물을 것입니다. **"그 사람 어떤 사람이었어?"**. 그러면 데이트를 갔다 온 친구는 **"그 사람의 외형적인 키가 얼마였는지, 그의 매너가 어땠는지, 성품이 어떤 것 같은지"** 등등을 친구들에게 말해 줄 것입니다. 그 말을 들은 친구들은 그 사람을 보지는 못했지만, 그 사람이 어떤 사람인가의 이미지를 그릴 수 있습니다. 이것이 바로 이미지라는 말이 가지는 의미입니다. 그러니까 이미지라는 말을 통해서 우리는 다음과 같은 사실을 알 수가 있습니다. '사람이 하나님의 형상이라는 말은 사람을 보면 하나님이 어떤 분이신지가 그려져야 한다는 의미입니다'.

3. 하나님의 아이콘(εἰκών)

또 형상이라는 말은 헬라어로는 에이콘(εἰκών)이라고 합니다. 에이콘이 무엇인지를 우리는 너무나 잘 알고 있습니다. 컴퓨터의 바탕화면에 깔려 있는 각종 프로그램을 나타내는 그림이 바로 **'에이콘'** 혹은 **'아이콘'**입니다. 가령 우리는 한글과컴퓨터라는 에이콘을 더블클릭하게 되면, 한글 프로그램이 펼쳐지는 것을 보게 됩니다. 엑셀이라는 에이콘을 더블클릭하게 되면, 엑셀이라는 프로그램이 펼쳐지게 되어 있습니다.

저는 이것이 '형상'이라는 말의 의미를 아주 잘 나타낸다고 생각합니다. 우리가 하나님의 아이콘이라고 한다면, 우리를 더블클릭했을 때에 하나님이 어떤 분이신지가 활짝 펼쳐져야 한다는 뜻입니다. 여기서 또 한가지를 생각해 볼 것은 이 에이콘을 찌르는 것이 컴퓨터에서는 주로 **'창'**으로 표현됩니다. '창'은 누군가를 아프게 하는 것이고, 심할 경우에는 죽음에 이르게 할 수 있는 도구입니다. 그런데 그러한 창을 컴퓨터에서는 에이콘을 더블클릭하는 도구로 사용합니다. **"창으로 찔렀더니 본질이 드러났다는 것입니다."**. 이러한 무기로 찌를 경우에 그 본질이 드러나는 것이 바로 아이콘입니다. 곧 우리가 하나님의 형상인지 아닌지는 우리가 평안하고 행복할 때에 드러나는 것이 아니라, 우리가 공격받을 때, 힘이 들 때에 더 분명히 드러난다는 것을 우리는 알 수가 있습니다. 곧 하나님이 우리를 하나님의 형상으로 만드셨다는 것은 우리가 고난 속에 있을 때에, 누군가에게 공격을 당했을 때에, 바로 그 때에 하나님의 형상이 드러나는 존재로 만들었다는 의미이기도 합니다.

4. 예수님의 말씀

'**형상**'이 무엇인지에 관해서 예수님의 비유를 보게 되면 더 분명하게 드러나는 것 같습니다. 요한복음 14장에는 예수님의 제자인 빌립이 예수님께 이렇게 요청하는 장면이 나옵니다. **"빌립이 이르되 주여 아버지를 우리에게 보여 주옵소서 그리하면 족하겠나이다"**(요14:8). 여기에 관해서 예수님은 요한복음 9절에서 이렇게 대답하십니다. **"예수께서 이르시되 빌립아 내가 이렇게 오래 너희와 함께 있으되 네가 나를 알지 못하느냐 나를 본 자는 아버지를 보았거늘 어찌하여 아버지를 보이라 하느냐"**(요 14:9).

예수님은 예수님을 본 사람들은 이미 하나님을 본 것이라고 말씀하셨습니다. 이것은 예수님이 곧 하나님이시라는 뜻이기도 하지만, 또한 예수님은 하나님의 참 이미지, 혹은 아이콘이라는 말도 됩니다. 그러니까 예수님을 보면, 그 분의 말씀과 행위를 보게 되면, 그분의 인격을 보게 되면 당연하게도 하나님이 어떤 분이신지를 알 수 있다는 뜻입니다.

III. 하나님의 형상을 잃어버린 인간

1. 선악과를 먹은 인간

인간은 하나님의 이미지이고, 하나님의 형상으로 창조되어졌습니다. 이 말은 곧 인간을 보면 하나님이 어떤 분이신지를 알 수 있어야 한다는 말과도 같습니다. 그러나 인간은 하나님의 이미지, 혹은 하나님의 아이콘이기를 그만두고 그 스스로가 하나님과 같이 되기를 원했습니다. 창세기 3장 5절에서 뱀은 이렇게 하와를 유혹

합니다. **"너희가 그것을 먹는 날에는 너희 눈이 밝아져 하나님과 같이 되어 선악을 알 줄 하나님이 아심이니라"**. 이 뱀의 유혹에 빠져 인간은 하나님의 아이콘이기를 그만두고 스스로 하나님과 같이 되기를 원했고, 그 결과 선악과를 먹은 것입니다

선악과를 먹은 인간은 어떻게 되었습니까? 창세기 3장 7절은 그 해답의 일부를 우리에게 보여주고 있습니다. **"이에 그들의 눈이 밝아져 자기들이 벗은 줄을 알고 무화과나무 잎을 엮어 치마로 삼았더라"**. 이 문장은 사람이 이제 하나님과 다른 가치관과 세계관을 가진 존재가 되었다는 것을 보여줍니다. 하나님이 부끄러운 것이 아니라고 했던 일들이 사람에게는 부끄러운 것이 되었습니다. 그 결과 그들은 하나님이 원하시지 않는 길을 걷는 존재가 되었습니다.

그렇다면 선악과를 먹은 인간은 이제 하나님의 형상이 아닌 존재가 된 것입니까? 전적타락을 주장하는 분들은 인간은 전적으로 타락했으므로 하나님의 형상은 완전히 파괴된 것으로 주장을 합니다. 그러나 요한 웨슬레 같은 분들은 하나님의 형상이 부패하고 변질되었다고 말씀합니다. 이와 같은 사실에서 우리가 알 수 있는 것은 하나님의 형상이 어느 견해에 의하든지 간에 상관없이 정상적인 상태가 아니라는 사실을 알 수가 있습니다.

2. 하나님의 형상이 무너진 인간의 모습[1]

요한웨슬레 목사님에 의하면, 하나님의 형상인 인간은 명확한 이해력과 또 부패하지 않는 완전한 자유의지가 있었다고 말씀합니다. 그 뿐만이 아니라 하나님의 형상인 사람은 온전한 자유를 누리고 있었다고 말씀합니다. 이것을 도표로 그려보면 아래와 같습니다.

명확한 이해력

- 진리와 거짓을 구별할 수 있음
- 모든 것을 사실대로 인식하면 정확하고 신속하게 판단했음
- 사물의 이름을 지을 때는 "임의대로가 아니라 그 내적 본성을 표현할 줄 알았다"
- 하나님의 지혜와 의로움을 닮았고 또 표현했다.

---

1) 토머스 C. 오든, 장기영역, 『하나님과 섭리』, 321-323, 웨슬리 르네상스

이러한 하나님의 형상인 인간의 모습은 인간이 선악과를 먹는 것을 선택함으로써 급격하게 무너져 내리게 되었습니다. 그 결과 인간의 이해력은 "매우 탁한 유리로는" 사물을 제대로 볼 수 없는 것 같이, 거짓을 진리로 착각하고, 의심, 오류, 혼돈, 우둔함에 빠지며, 타락 전에는 그리도 잘 파악했던 사물의 본성을 더는 '온전히 파악할 수 없게' 되었습니다. 또한 그의 의지는 수없이 많은 악한 기질에 사로잡히게 되었습니다. 그 까닭은 그에게서 완전한 이해력이 사라졌기 때문에, 의지가 길을 잃어버리게 되었기 때문입니다. 그래서 인간의 의지는 온갖 세상의 향락을 누리는 방향으로 가게 되었습니다. 또한 인간의 자유는 사라지고 말았습니다. 인간은 물질의 노예, 세상 가치관의 노예가 되고 말았습니다.

Ⅳ. 하나님의 형상의 회복

1. 구원의 목적

구원의 목적 가운데 가장 중요한 것 중의 하나는 타락한 하나님의 형상의 회복입니다. 하나님의 형상이 회복되어야 인간은 온전한 이해력과 의지와 자유를 누릴 수가 있습니다. 이러한 회복을 위해서 예수님께서 이 땅 가운데 오신 것입니다. 요한 웨슬레 목사님은 이렇게 말씀하셨습니다. **"우리의 처음 상태를 회복하고…거듭**

나 우리 창조주의 형상으로 새롭게 지음 받으며…사탄의 형상을 하나님의 형상으로, 노예 상태를 자유로, 질병을 건강으로 다시 바꾸어…우리가 본래 가졌던 자유를 되찾는 일이다."

2. 구원의 과정의 고찰

구원의 가장 첫번째 과정은 회개에서 시작을 합니다. 그런데 회개보다 먼저 있는 것이 있습니다. 바로 말씀의 선포입니다. 세례요한과 예수님이 이 땅 가운데 오셔서 가장 먼저 선포한 것이 바로 회개입니다. 이러한 회개의 선포는 필연적으로 그 말씀을 듣는 사람이 내 자신에게 문제가 있다는 것을 객관적으로 바라보게 합니다. 자신을 객관적으로 바라본 사람은 회개하지 않을 수가 없습니다. 자신의 죄를 진심으로 회개한 사람은 예수님의 보혈의 피로 씻김을 받고, 하나님의 형상으로 회복되기 시작하는 것입니다.

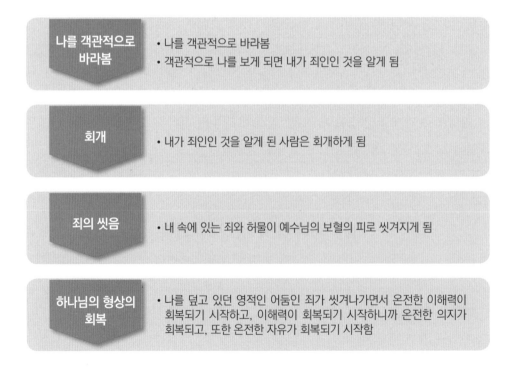

나를 객관적으로 바라봄
- 나를 객관적으로 바라봄
- 객관적으로 나를 보게 되면 내가 죄인인 것을 알게 됨

회개
- 내가 죄인인 것을 알게 된 사람은 회개하게 됨

죄의 씻음
- 내 속에 있는 죄와 허물이 예수님의 보혈의 피로 씻겨지게 됨

하나님의 형상의 회복
- 나를 덮고 있던 영적인 어둠인 죄가 씻겨나가면서 온전한 이해력이 회복되기 시작하고, 이해력이 회복되기 시작하니까 온전한 의지가 회복되고, 또한 온전한 자유가 회복되기 시작함

이러한 구원의 과정은 성화의 단계라고 하는데, 예수님이 오실 때까지 계속적으로 이어지게 되어 있습니다. 그러므로 성도들은 늘 성화의 길을 걸어가야 합니다.

1. 당신은 언젠가 "너를 보니 하나님이 살아계신 것 같다"는 말을 들어본 적이 있습니까? 그렇다면 그 경험을 나누어 봅시다. 당신이 들어보지 못했다면 다른 사람이 그런 말을 들은 것을 본적은 있습니까? 그 경험을 나누어 봅시다.

2. 나 자신을 객관적으로 바라볼 때, 나는 어떤 존재입니까?

3. 나에게 꼭 회복되어지기를 원하는 하나님의 형상은 무엇입니까?

제 9과

하나님의
형상 2

핵심성구(창세기 1장 27절)

"하나님이 자기형상 곧 하나님의 형상대로 사람을 창조하시되
남자와 여자를 창조하시고"

Ⅰ. 서론

하나님의 형상이 무엇인지에 관해서는 정말로 많은 학설들이 존재하고 있습니다. 이러한 학설은 크게 네가지 범주로 나누어집니다.

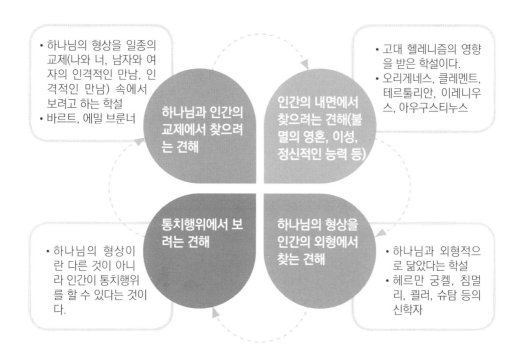

- 하나님의 형상을 일종의 교제(나와 너, 남자와 여자의 인격적인 만남, 인격적인 만남) 속에서 보려고 하는 학설
- 바르트, 에밀 브룬너

하나님과 인간의 교제에서 찾으려는 견해

인간의 내면에서 찾으려는 견해(불멸의 영혼, 이성, 정신적인 능력 등)

- 고대 헬레니즘의 영향을 받은 학설이다.
- 오리게네스, 클레멘트, 테르툴리안, 이레니우스, 아우구스티누스

- 하나님의 형상이란 다른 것이 아니라 인간이 통치행위를 할 수 있다는 것이다.

통치행위에서 보려는 견해

하나님의 형상을 인간의 외형에서 찾는 견해

- 하나님과 외형적으로 닮았다는 학설
- 헤르만 궁켈, 침멀리, 쾰러, 슈탐 등의 신학자

그러나 이러한 학설은 인간의 전인에서 일부분만을 취해서 이것이 하나님의 형상이라고 부르는 결과를 가지고 옵니다. 인간은 전인이고 그래서 하나님의 형상도 전인적으로 생각해야 한다고 한다면 이러한 견해들은 아무래도 약간 온전하지 못한 듯한 느낌을 주는 것도 사실입니다.

그런데 요한웨슬레 목사님의 하나님의 형상에 관한 견해들은 이러한 견해들보다 상대적으로 더 균형감을 가지고 있습니다. 왜냐하면 하나님의 형상을 한쪽에 치우치지 않고 아주 전인적으로 설명해 놓았기 때문입니다. 요한 웨슬레 목사님은 하나님의 형상을 세가지 범주로 나누어서 설명을 합니다. **"자연적 형상, 정치적 형상, 도덕적 형상".**

웨슬레 목사님에 의하면 하나님의 형상은 이 세가지 분야에 모두 관계되어지며 또한 이 세가지가 모두 다 하나님의 형상이기도 합니다. 아래에서는 웨슬레 목사님의 하나님의 형상에 관한 주장을 자세히 살펴보도록 하겠습니다.

II. 자연적 형상(The natural image of God)

자연적인 하나님의 형상이란 자연적인 인간이라면 누구나 가지고 있는 하나님의 형상입니다. 여기에는 인간의 영원성(immortality), 이해력, 의지의 자유, 그리고 여러 가지 감정을 지닌 영적인 존재(Spritural Being)등이 모두 포함이 됩니다.

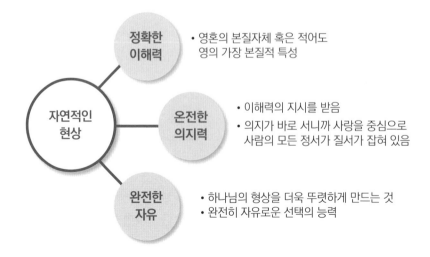

1. 이해력

요한 웨슬레 목사님은 특별히 이 이해력을 굉장히 중요하게 여겼습니다. 그래서 이렇게 말씀했습니다. **"이해력은 영혼의 본질 자체 또는 적어도 영의 가장 본질적인 특성일 것입니다."** 그러나 이러한 이해력은 인간의 타락으로 말미암아서 이해력도 변질되게 되었습니다. 그 결과 인간의 이해력은, **"매우 탁한 유리로는"** 사물을 제대로 볼 수 없는 것같이, **"거짓을 진리로 착각하고"**, 의심, 오류, 혼돈, 우둔함에 빠지며, 타락 전에는 그리도 잘 파악했던 사물의 본성을 더는 **"온전히 파악할 수 없게"** 되었다.

이러한 요한 웨슬레 목사님의 견해에 의하면 아담이 처음에 동물들의 이름을 지을 때에 그 동물들의 이름을 그냥 지은 것이 아니라, 그 동물들의 본질을 파악하면서 이름을 지은 것이 됩니다.

2. 온전한 의지력

요한 웨슬레 목사님에 의하면 명확한 의지력과 함께 인간에게는 **"이해력의 지시를 받는"** 한 **"이해력과 동일한 정도의 완전한 의지"**가 주어져 있었습니다. 그러므로 하나님의 형상을 온전히 가진 사람의 모든 정서는 그 핵심인 사랑을 중심으로 질서가 바르게 잡혀 있었습니다. **"사랑이 사람의 영혼 전체를 가득 채웠고, 사랑만이 어떤 경쟁자도 없이 그를 사로잡았다. 그의 마음에서 움직이는 모든 것이 사랑이었다."**

그러나 이러한 완전한 의지력은 타락으로 인해서 그것을 인도하는 이해력이 눈멀자 **"수많은 악한 기질에 사로잡히게 되었습니다. 한꺼번에 슬픔, 분노, 증오, 두려움, 수치가 몰려왔습니다. … 하나님에게서 오던 빛, 삶의 향기 같았던 사랑 그 자체마저 괴로움의 원인이 되었다. 그 빛을 잃고 난 뒤 안식을 찾아 방황하면서도 찾지 못하자"** 결국 인간의 의지는 **"각종 세상 향락의 독"**을 의지하게 되었습니다.

3. 완전한 자유

요한 웨슬레 목사님에 의하면, 인간의 자연적인 형상 중에서 인간에게 있는 하나님의 형상을 더욱 뚜렷하게 만드는 것이 바로 인간에게 주어진 완전한 자유였다고 합니다. "사람은 또 자유로운 선택의 능력, 곧 선한 일을 선택하고 그렇지 않은 것을 거부할 수 있는 능력을 부여받았습니다. 선택의 능력이 없다면 의지력과 이해력 모두 아무런 쓸모가 없을 것입니다." 완전한 선택의 자유를 가진다는 것은 인간이 어느 쪽으로도 기울어지지 않는 균형을 유지할 수 있었다는 것을 의미합니다.

그러나 이러한 인간의 자유는 타락으로 말미암아 훼손되고 말았습니다. 인간의 자유는 "덕과 함께 사라지고 말았습니다." 그 결과 덕의 신하였던 의지는 악의 노예가 되어 버렸습니다.

4. 완전한 자연적인 형상을 가진 인간은 어땠는가?

분명한 이해력, 온전한 의지, 완전한 자유를 가진 인간은 그 결과로 말미암아 행복했다고 웨슬리 목사님은 말씀합니다. 그들의 이해력은 진리로, 의지는 선으로 만족했고, 전적으로 자유롭게 창조주와 창조세계를 즐거워했으며, 어떤 고통도 없이 언제나 새롭고 순결한 즐거움의 강에 빠져들었습니다.

그러나 이러한 인간의 행복은 타락으로 말미암아 상실되고 말았습니다. 인간이 타락한 이해력과 부패한 의지의 노예가 된 결과 그들은 불행한 삶 가운데 빠져들 수밖에 없었습니다.

Ⅲ. 정치적 형상(The political image of God)

정치적 형상이란 다스림 혹은 통치와 관련된 능력을 의미합니다. 웨슬레 목사님에 의하면 이는 "바다의 고기와 땅위의 만물을 지배하는 이 세상의 지배자"를 뜻합니다. 이로써 인간은 다른 모든 피조물을 지배하고 관리하는 능력을 소유한 존재가 됩니다. 창세기 1장 26절에서 하나님은 하나님의 형상을 따라 사람을 만드시는 목적에 관해서 이렇게 말씀합니다. "그들로 바다의 물고기와 하늘의 새와 가축과 온 땅과 땅에 기는 모든 것을 다스리게 하자 하시고"

1. 동역자적 통치자로서의 인간

요한 웨슬레 목사님은 말씀하기를 **"인간은 이 땅에서 하나님의 대리자로서 이 낮은 세계를 다스리고 통치하는 존재이다"**고 했습니다. 그러나 이 말은 인간이 하나님을 배제하고 독단적으로 이 창조세계를 통치할 권한을 받았다는 말은 아닙니다. 인간은 오직 하나님과 더불어 혹은 하나님의 통치 아래에서 이 세상을 통치하도록 위임받은 것입니다. 곧 하나님은 우리보다 훨씬 더 잘 하실 수 있음에도 불구하고 당신의 배타적인 권리를 인간에게 나누어 주셨다는 뜻입니다.

2. 복의 전달자로서의 인간

인간이 이 창조세계를 통치하고 관리하는 존재라는 말은 다른 의미로, 하나님의 복, 하나님의 생명과 은혜를 전달하는 혹은 흘려보내는 사명을 가진 존재라는 의미이기도 합니다. 존 웨슬리 목사님은 이렇게 말씀합니다. **"낙원에서 하나님의 모든 복은 사람을 통하여 더 하등한 피조물에게로 흘러갔습니다. 사람은 창조주와 짐승의 세계 전체를 연결하는 훌륭한 매개자였을 것입니다. 타락은 인간으로 하여금 하나님의 복을 전달하지 못하게 만들었고, 그 결과 이전의 연결고리는 끊어지고 말았습니다."** 그러므로 사람은 자연과 동물 세계의 전체에 대한 책임이 있습니다.

3. 타자를 위한 존재로서의 인간

인간이 정치적 형상을 가지고 있다는 것, 곧 통치자로서의 형상을 가지고 있다는 것은 다른 의미로 복을 전달하는 것이고, 복을 전달하는 존재라는 것은 다른 말로 다른 존재를 위해 일하는 존재라는 뜻이기도 합니다. 그러므로 하나님의 복은 필연적으로 사람을 통해서 나타나게 되어 있습니다. 요한 웨슬리 목사님은 이렇게 말씀하셨습니다. **"일반적으로 사람을 통해 돕는 것을 기뻐하십니다."** 다시 말해서 하나님의 은혜는 흔히 인간의 모습을 하고 찾아온다는 것입니다(콜린스).

Ⅳ. 도덕적 형상(The moral image of God)

도덕적 형상은 인간이 지닌 도덕과 관련된 하나님의 형상의 한 측면을 말합니다. 인간이 하나님의 형상으로 지음받았다고 한다면, 필연적으로 하나님의 도덕성도 닮았을 것입니다. 도덕적 형상은 바로 이것을 말하고 있습니다. 요한 웨슬레 목사님에 의하면 도덕적 형상이란 인간이 지닌 **'의와 진실과 거룩함'**(엡4:24)을 뜻합니다. 이는 인간이 지닌 원초적 완전을 가장 잘 나타내 주는 것으로써 하나님의 도덕적 품성인 사랑, 자비, 정의, 진리, 순결, 거룩성을 인간도 소유하고 있음을 뜻합니다.

1. 도덕적 형상은 하나님의 사랑입니다.

요한 웨슬리 목사님은 이렇게 말씀합니다. **"사람은 하나님의 형상으로 지음 받아 자신을 창조하신 분이 거룩하신 것처럼 거룩했고, 모든 것을 지으신 분이 자비로우신 것처럼 자비로웠으며, 하늘 아버지께서 온전하신 것처럼 온전했습니다. 하나님이 사랑이신 것처럼 사랑 안에 거하는 사람은 하나님 안에 거하고 하나님은 그 사랑 안에 거하십니다. 하나님께서는 사람을 '하나님의 영원하심을 닮은 존재', 곧 하나님의 영광의 불멸의 초상으로 만드셨습니다. 하나님이 순결하신 것처럼 사람 역시 모든 죄의 더러움에서 순결했습니다. 사람은 어떤 종류, 어떤 정도의 악도 알지 못했고, 내적으로나 외적으로 죄가 없고 순수했습니다."**

2. 도덕적 형상은 주된 형상입니다.

요한 웨슬리 목사님은 세가지 형상 중에서 도덕적 형상이 가장 주된 형상으로 보았습니다. 그 까닭은 세 가지입니다. **첫째로 도덕적 형상은 참된 의와 성결로 이해할 수 있는데, 이것은 인간을 다른 모든 피조물과 구별 짓는 특징이기 때문입니다.** 들의 짐승과 달리 인간은 하나님과 교제할 수 있습니다. 이것은 인간이 도덕적 형상을 지녔기 때문입니다. 곧 인간은 영과 진리로 하나님께 예배할 수 있으며, 사람의 마음은 고귀한 지위에 적합한 사랑의 거룩한 성품으로 채워질 수 있습니다.

둘째로 도덕적 형상을 지녔다는 것은 죄의 결과를 가져오는 경위가 되기 때문입니다. 도덕적 형상은 하나님과의 관계가 죄의 결과로 어그러질 수 있음을 나타내줍니다. 그러니까 도덕적 형상은 양날의 검과도 같습니다.

셋째로 도덕적 형상은 도덕법과 관련이 있기 때문입니다. 도덕법은 '영원에 거하시는 높고 거룩하신 분의 불멸의 초상'일 뿐 아니라 창조시 인간이 가졌던 원형적이고 순결한 본성을 표현합니다. 웨슬리 목사님은 이렇게 말씀합니다. **"하나님께서 정하신 때에 지성적 존재로 이루어진 새 신분(사람)을 창조하셨을 때 …그보다 먼저 지으신 천사들에게 주신 것과 동일한 법을 이 자유롭고 지성적인 피조물에게 주셨습니다. 하나님께서는 그 법을 너무 멀고 이해하기 힘든 것이 아니라 언제나 가깝고, 하늘의 태양처럼 항상 뚜렷이 빛나게 하시기 위해, 돌판이나 썩어질 물건이 아닌 사람과 천사의 가장 깊은 영혼에 자신의 손으로 그 법을 새겨 주셨습니다."**

웨슬리 목사님은 아담이 원래 가졌던 '의'를 이 도덕법에 대한 순응으로 이해했습니다(케네스 J. 콜린스). **"이 의는 아담의 영혼의 모든 기능과 능력이 도덕법에 순응한 것입니다. 이를 세 가지로 설명할 수 있습니다. 첫째, 아담의 이해력은 등불과 같았습니다. 그는 하나님의 형상으로 지음을 받았습니다. … 둘째, 아담의 의지는 하나님의 뜻과 일치했습니다. 그의 의지에는 적절한 의미에서 죄라 부를 수 있는 어떤 부패도, 악을 좋아하거나 악으로 기울어지는 성향도 없었습니다. …셋째, 그의 감정은 일정하고 순결하며 거룩했습니다."**(웨슬리). 웨슬리는 이렇게 율법이 한편으로 "영원한 정신의 복사본, 하나님의 본성의 사본"이면서, 다른 한편으로 "인류의 본성"에도 주어졌다는 양면적 초점을 견지했습니다(케네스 J. 콜린스). 이것은 웨슬리가, 확립된 인간의 본성이 처음부터 존재한다고 생각했다는 사실 뿐 아니라, 우리가 이미 언급한 하나님의 은혜를 심지어 창조에서조차도 도덕법과 아무 상관이 없는 것으로 여기지 않고, 언제나 도덕법이라는 규범적 가치와 연결지어 이해했다는 사실을 보여줍니다. 그렇다며 웨슬리에게 도덕법은 하나님과 인간의 관계의 기초는 아니더라도, 그 관계의 온전함이 어떤 것인지를 나타내는 기준, 즉 하나님의 은혜와 의로우심이 무엇을 목적하는지를 드러내는 기준이 됩니다.

나 눔

1. 당신은 세가지 하나님의 형상 중에서 무엇이 가장 부족하다고 생각합니까. 그리고 그이유가 무엇인지 나누어 봅시다.

자연적 형상	정치적 형상	도덕적 형상
• 인간의 영원성 (IMMORTALITY) • 영적인 존재인 인간 • 지(이해력).정(감정)과 의(의지력), 그리고 선택할 수 있는 자유를 갖춘 인간-이러한 능력은 인간이 교제할 수 있는 능력을 갖춘 이유	• 다스리고 통치하는 존재(창1:28) • 만물의 관리자 및 하나님이 대리자 • 나는 하나님이 나에게 맡겨주신 일들에 대한 책임을 다하고 있는가? 나는 일을 맡으면 책임지는 편인가 아니면 도망치는 편인가?	• 인간이 지닌 '의와 진실과 거룩함'을 의미 • 참된 의와 성결을 의미 • 가장 주된 형상 • 인간을 다른 피조물과 구별하는 특징

2. 서로가 약하다고 생각하는 부분을 놓고 함께 기도해 줍시다. 우리 안에 하나니의 형상이 온전히 회복되어질 수 있도록 함께 기도합시다.

제 10과

하나님의
형상 3(교제)

핵심성구(창세기 1장 27절)

"하나님이 자기형상 곧 하나님의 형상대로
 사람을 창조하시되
 남자와 여자를 창조하시고"

I. 서론

하나님의 형상이라는 것은 보는 관점에 따라서 여러가지 의미를 지니고 있는 용어인 것이 틀림이 없습니다. 그렇지만 현대의 대부분의 많은 신학자들이 주목하고 있는 하나님의 형상의 기능이 있습니다. 그것은 바로 **'하나님과의 교제'**의 기능입니다. 인간은 하나님과 교제할 수 있음으로 말미암아 동물과 구별되어지는 존재가 된다는 것입니다. 그리고 이것이 바로 인간이 존엄할 수 있는 이유가 되는 것입니다. 그래서 많은 신학자들은 하나님의 형상이란 하나님과의 교제를 의미하는 것으로 이해를 하는 것입니다.

그렇다면 하나님의 형상에서 이 **'교제'**가 갖는 의미의 중요성에 대해서 한 번 살펴보는 것은 중요한 의미가 있습니다.

Ⅱ. 하나님의 형상과 교제(communication)

1. 하나님의 형상은 교제(commication)의 능력이다

교제라는 것은 기본적으로 대등한 존재끼리의 만남을 전제합니다. 왜냐하면 인격적인 만남이라는 것은 상대방을 이해하고 상대방도 나를 이해하고 있어야 하기 때문입니다. 오늘날 애완동물들과의 소통이 점점 늘어나고 있는 것은 사실이지만, 그것을 인격적인 만남이라고 부르기는 어렵습니다. 인격적인 만남이라는 것은 '지·정·의'가 고루 갖추어진 만남이어야 하기 때문입니다.

이런 관점에서 본다고 한다면 하나님과 인간이 교제한다는 것도 사실은 우스운 일입니다. 하나님은 초월자이시고 인간은 피조물이기 때문입니다. 이러한 만남은 사실은 동이 서에서 먼 것처럼 한없이 먼 것이 사실입니다. 그럼에도 불구하고 성경은 끊임없이 하나님과 인간의 만남을 이야기하고 있습니다. 그렇다면 이러한 하나님과 인간이라는 질적으로 전혀 다른 두 존재의 만남은 어떻게 가능한 것일까요. 그것은 하나님이 자신의 위치를 버리시고 인간의 눈높이로 내려오실 때에 가능합니다. 성경에서는 이것을 가르쳐 주는 많은 성구들이 존재합니다. 아래에서는 몇 가지만 살펴보도록 하겠습니다.

2. 리페네이 엘로힘(לִפְנֵי הָאֱלֹהִים), Coram Deo

우리가 일반적으로 많이 사용하는 코람데오(Coram Deo)라는 말이 있습니다.

말은 라틴어인데 그 의미는 '하나님 앞에서'라는 뜻입니다. 곧 절대자인 하나님 앞에서 단독자로 선 인간의 모습을 표현하는 말입니다. 그런데 이 코람데오라는 단어는 원래 히브리어에서 유래한 말입니다. 그 단어는 히브리어로는 "리페네이 엘로힘" (לִפְנֵי הָאֱלֹהִים) 곧 '하나님의 면전에서'입니다. 이 말은 얼굴을 나타내는 "파네"(פָּנֶה)와 하나님을 나타내는 "엘로힘"(אֱלֹהִים)이 합쳐진 구문입니다. 그래서 직접적인 의미는 "하나님의 얼굴 앞에서"라는 뜻입니다.

생각 밖으로 성경에서는 이 구문이 무수히 등장합니다. 이것은 성경의 하나님은 우리와 얼굴과 얼굴을 마주하기를 원하신다는 것을 나타내 줍니다. 곧 '나와 너'와 관계로 만나기를 원하신다는 것입니다. 여기에는 다른 어떤 것도 끼어들어서는 안 됩니다.[2] 그래서 어떤 의미에서는 하나님과 우리의 관계는 수직적인 관계라기 보다는 수평적인 관계에 더 가깝습니다. 우리가 하나님과 동등하다는 의미가 아니라 하나님이 우리의 눈높이를 맞추기를 원하시기 때문입니다. 그러나 엄밀히 말해서 이 **'하나님 앞에서'**라는 문구는 어쩌면 상반될 수도 있는 두가지 측면이 있다고 여겨집니다.

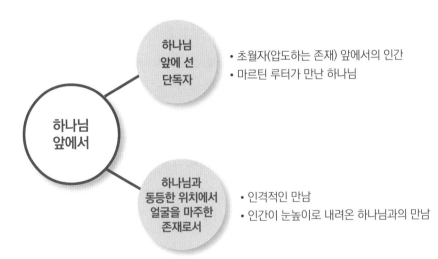

하나님 앞에서

하나님 앞에 선 단독자
• 초월자(압도하는 존재) 앞에서의 인간
• 마르틴 루터가 만난 하나님

하나님과 동등한 위치에서 얼굴을 마주한 존재로서
• 인격적인 만남
• 인간이 눈높이로 내려온 하나님과의 만남

---

2) 마틴 부버의 『나와 너』라고 하는 책이 이 주제에 대해서 아주 깊이있게 서술하고 있습니다. 성경의 "나와 너"의 관계가 어떤 것인지를 알기 위해서는 이 책을 읽는 것이 큰 도움이 되리라고 생각합니다.

종교개혁자였던 마르틴 루터는 1521년 보름스회의 청문회에서 이와 같은 말을 했습니다. **"여기 제가 확고부동하게 서 있습니다(Here I stand). 저는 달리 어찌할 도리가 없습니다. 하나님이여, 이 몸을 도우소서. 아멘."** 이것이 종교개혁을 일으킨 원동력입니다. 바로 하나님 앞에 서 있는 인간을 발견한 것입니다. 초월자 앞에서 단독자로서의 인간을 발견한 사건입니다.

그러나 한편 **"하나님 앞에서"**라는 말은 인격적인 만남을 의미하는 뜻도 있습니다. 실제로 히브리어 성경에서는 말하는 "하나님 앞에서"는 하나님의 얼굴 앞에서를 뜻합니다. 일반적으로 서로가 서로의 얼굴을 마주보는 만남은 상징적으로 일방적인 만남이 아니라 하나의 인격과 또 다른 하나의 인격이 만나는 장면을 연상케 하는 것이 사실입니다. 그래서 "하나님 앞에서"라는 말은 하나님과 인격적으로 만나는 만남을 의미하는 것이기도 합니다.

3. 성육신(Incarnation)의 언어

"하나님 앞에서"라는 말이 하나님과의 인격적인 만남을 의미하는 단어일 때, 성경은 이와 꼭 맞는 성경의 언어를 제시합니다. 그것은 바로 성육신(Incarnation)입니다. 요한복음 1장 14절은 이렇게 말씀합니다. **"말씀이 육신이 되어 우리 가운데 거하시매 우리가 그 영광을 보니 아버지의 독생자의 영광이요 은혜와 진리가 충만하더라."**

요한복음의 이 말씀은 하나님이 인간의 눈높이까지 내려오셨다는 것을 상징적으로 나타내주고 있습니다. 이 본문에서 **'말씀'**(λόγος)은 예수님을 의미합니다. 그리고 성육신은 그 말씀이신 예수님이 **'육신'**(σάρξ)이 되신 사건입니다. **'육신'**(σάρξ)을 영어로 번역하면 **"flesh"**(살 혹은 살덩어리)입니다. **"body"**(몸)가 아님을 유의해야 합니다. 헬라어 성경에서는 몸을 의미하는 단어 **'소마'**(σῶμα)가 있음에도 불구하고 굳이 살덩어리를 의미하는 **'사르크스'**(σάρξ)가 쓰였다는 것도 유의해 볼 점입니다.

"하나님은 살덩어리로 이 땅 가운데 오셨다." 이 말을 잘 이해하려면 성만찬을 이해해야 합니다. 성만찬은 예수님의 살(에너지)과 피(생명)을 나누는 것입니다. 예수님의 살과 피를 먹게 하기 위해서 예수님은 살덩어리로 이 땅 가운데 오신 것입니다. 그리고 여기서 진정한 교제의 의미가 드러납니다. 진정한 교제란 바로 "하나님의 에너지와 생명"을 나누는 것입니다. 그리고 그런한 나눔은 얼굴과 얼굴을 마주하는 관계 속에서만 일어납니다.

III. 교제(communication)의 실제

1. 교제로서의 기도

　　"코람데오"(하나님 앞에서)가 기본적으로 두 가지 의미를 갖는다고 앞에서 우리는 배웠습니다. 하나는 **'초월자인 하나님 앞에 서 있는 단독자로서의 인간'**을 의미하는 것이고, 다른 하나는 **'하나님과 같은 높이에서 얼굴과 얼굴을 대하여 마주하고 있는 모습의 인간 실존'**을 표현하는 것입니다. 물론 이 양자는 동전의 양쪽과 같은 것이기도 합니다.

　　어쨌든 의미에서 보자면 기도도 역시 이 두가지 측면을 가진다고 설명할 수 있습니다. 즉 기도는 원칙적으로 수직적으로 하늘에 있는 하나님께 기도하는 것이기도 하지만, 수평적으로 내 앞에서 나의 얼굴을 마주보고 있는 하나님께 말하는 것이기도 하다는 뜻입니다. 다시 말해서 종교개혁자인 마르틴 루터처럼 **'하나님 제가 여기 서 있습니다'**라면서 초월자이신 하나님 앞에 선 인간으로서 기도하기도 하지만, 친한 친구에게 말하는 것처럼 **'대화'**하면서 기도하는 두 가지 얼굴이 있다는 뜻입니다. 그러나 이 둘은 모두 다 기도의 모습입니다.

2. 사람과의 교제(남자와 여자를 창조하시고)

1) 남자와 여자의 교제

　　하나님의 형상이 하나님과의 교제를 의미하는 것이라고 할 때에 바로 그 하나님과의 교제를 훈련시키는 장소가 바로 가정입니다. 그래서 하나님은 사람을 남자와 여자로 만드셨습니다. 남자에 대해서 여자를 성경은 **'돕는 배필'**로 규정하고 있습니다. 이 '돕는 배필'이 히브리어로는 **'에제르 케네그도'**(עֵזֶר כְּנֶגְדּוֹ)입니다. **'돕는 반**

대자'라는 뜻입니다. 남자와 여자는 전혀 다른 존재라는 뜻입니다. 남자는 여자를 만날 때 전혀 다른 존재로 만나게 됩니다.

이렇게 이질직인 남자와 여자의 교제를 통해서 인간은 하나님과의 교제를 배워가야 합니다. 왜냐하면 하나님은 인간과 전적으로 다른 존재이기 때문입니다.

2) 형제간의 교제

또 성경은 형제간의 교제도 이야기하고 있습니다. 시편 133편은 이렇게 말씀합니다. **"보라 형제가 연합하여 동거함이 어찌 그리 선하고 아름다운고, 머리에 있는 보배로운 기름이 수염 곧 아론의 수염에 흘러서 그의 옷깃까지 내림 같고, 헐몬의 이슬이 시온의 산들에 내림 같도다 거기서 여호와께서 복을 명령하셨나니 곧 영생이로다."**

3) 자연과의 교제

하나님은 아담에게 동물들을 보내셔서 아담이 동물들의 이름을 짓게 하셨습니다. 이러한 과정을 통해서 아담은 동물들을 이해하고 그들의 이름을 지었습니다. 이러한 행위들을 통해서 하나님은 아담이 이 세상을 이해하고, 또 하나님을 배워가기를 원하셨던 것입니다. 이름을 짓는다든가 하는 것은 기본적으로 하나의 통치행위이기 때문에, 이 세상을 통치하는 하나님을 이를 통해서 배워갈 수 있는 것입니다.

Ⅳ. 하나님과 인간의 교제를 막는 것

1. 죄의 문제

인간은 하나님의 형상으로 만들어졌기 때문에 하나니을 알 수 있고, 하나님과 교제를 할 수 있는 존재입니다. 그러나 그러한 하나님의 형상은 인간의 죄로 말미암아 망가지거나 부패되었습니다. 성경은 그것을 끊임없이 말하고 있습니다. 이사야 59장 2절은 "오직 너희 죄악이 너희와 너희 하나님 사이를 내었고 너희 죄가 그 얼굴을 가리워서 너희를 듣지 않으시게 함이니"라고 함으로써, 그것을 분명히 드러내고 있습니다.

2. 죄의 문제를 어떻게 해결할 것인가?

그렇다면 죄의 문제를 어떻게 해결해야 할수 있을까요? 성경은 인간의 노력이나 선함을 가지고는 이 문제를 해결할 수 없다고 분명히 말씀하고 있습니다. 마치 감옥에 갇힌 사람이 스스로의 힘으로 나올 수 없는 이유와 같습니다. 그래서 이 죄의 문제는 인간이 해결할 수 없고, 오직 하나님만이 이 문제를 해결할 수 있습니다.

그리고 하나님은 이 죄의 문제를 그리스도 예수 안에서 해결하셨습니다. 마태복음 27장 50절-51절은 예수님이 죽임 당하실 때의 매우 인상적인 사건을 우리에게 들려줍니다. "예수께서 다시 크게 소리지르시고 영혼이 떠나시다. 이에 성소 휘장이 위로부터 아래까지 찢어져 둘이 되고 땅이 진동하며 바위가 터지고"

성전휘장은 지성소로 들어가는 마지막 벽(가죽벽)이었습니다. 지성소는 구약성경에서 하나님이 임재하시는 장소입니다. 지성소에는 대제사장만이 1년에 한 번 대속죄일에 들어갈 수 있었습니다. 다른 사람이 들어가면 죽임을 당했습니다. 그러니까 구약성경에서 일년에 단 한번만 사람이 그것도 대제사장만이 하나님을 뵐 자격을 갖추고 있었습니다. 이러한 성소 휘장이 위에서부터 아래까지 찢어졌습니다. 그 의미는 이제 대제사장만이 아니라 누구도 지성소에 들어갈 수 있는 길이 열렸다는 뜻입니다. 예수님께서는 말씀하셨습니다. "내가 곧 길이요 진리요 생명이니 나로 말미암지 않고는 아버지께로 올 자가 없느니라"(요한복음 14장 6절).여기서 "길"이란 성소 휘장을 찢어 하나님 아버지께로 가는 길을 내셨다는 의미로도 이해가 가능합니다.

3. 하나님의 형상으로 만드신 이유

하나님은 인간을 하나님의 형상으로 만드셨습니다. 그 이유는 하나님과의 교제 때문이라고 했습니다. 그렇다면 교제는 무엇을 위한 것일까요? 그 해답은 요한복음 17장 3절에 있습니다. "영생은 곧 유일하신 참 하나님과 그가 보내신 자 예수 그리스도를 아는 것이니이다". 하나님을 알아야만 그리고 하나님의 아들 예수님을 알아야만 영원한 생명이 있습니다. 그래서 하나님이 인간을 하나님의 형상으로 만드신 이유는 바로 하나님을 교제를 통해서 하나님을 알아가게 하기 위해서입니다. 당신은 지금 하나님을 알아가고 있습니까?

1. 당신은 당신의 삶 가운데서 하나님과 예수님을 알아가고 배워가고 있습니까? 당신은
그것을 위해서 어떤 일을 하고 있습니까?

2. 당신이 하나님 앞에 서 있다고 생각한/깨달은 적은 언제입니까?

3. 당신은 언제 하나님을 인격과 인격으로 만나고 있다고 느끼고 있습니까? 당신은 당신
이 기도에서 하나님을 인격적으로 대하고 있다고 생각합니까? 아니면 나는 기도에서
늘 내말만 하고 있다고 생각합니까?

제 11과

인간의 대사명
(다스림/청지기직)

핵심성구(창세기 1장 26절)

"하나님이 이르시되
우리의 형상을 따라 우리의 모양대로 우리가 사람을 만들고
그들로 바다의 물고기와 하늘의 새와 가축과
온 땅과 땅에 기는 모든 것을 다스리게 하자 하시고"

Ⅰ. 서론

동양의 경전인 사서삼경 중에서 사서에 속하는 '대학'에는
다스림에 관한 중요한 이야기가 존재합니다.
"수신제가 치국평천하"(修身齊家治國平天下)
그 의미는 이렇습니다.
**"자기 몸을 다스린 자가 집을 다스리고 집을 다스리는 자가 나라를 다스리고
나라를 다스린 자가 천하를 평안하게 한다"**

유대신학자인 아브라함 조슈아 헤셸은 그의 책 『안식』에서 이렇게 갈파했습니다.
**"우리는 한 주에 엿새동안 이 세계를 지배하기 위해 애쓰고,
이렛날에는 자기 자신을 다스리기 위해서 힘쓴다."**
이것은 물론 성경의 안식일에 관한 해석입니다.
그런데 헤셸은 그 안식일에 관해서 그 날은 '자기 자신을 다스리기 위해서
애쓴다'고 말합니다. 곧 안식일은 하나님을 위한 날인 것 같지만 사실은
우리 인간을 위한 날이라는 뜻입니다.
자기자신을 다스리는 사람만이 온 세상을 다스릴 수 있기에
하나님은 안식일을 허락하신 것입니다.

Ⅱ. 다스림의 의미

하나님은 사람을 하나님의 형상으로 만드셨습니다. 그 이유는 사람이 모든 만물
을 '다스리게' 하기 위해서입니다. 창세기 1장 26절은 **"하나님이 이르시되 우리의
형상을 따라 우리의 모양대로 우리가 사람을 만들고 그들로 바다의 물고기와 하늘**

의 새와 가축과 온 땅과 땅에 기는 모든 것을 다스리게 하자 하시고"라고 했습니다. 하나님이 사람을 하나님의 형상으로 만드신 목적은 인간으로 하여금 다스리는 존재로 삼기 위함이라는 뜻입니다.

1. 다스림(רדה)의 사전적 의미

'다스리다'는 말은 히브리어로 '라다'(רדה)입니다. 그 사전적 의미는 "rule, have dominion, treat down"입니다. 곧 **'지배하다'. '복종하게 만들다'**라는 뜻입니다. 이러한 의미만을 놓고 보게 되면 이 단어는 굉장히 강압적인 모습으로 보여지는 것도 사실입니다. 그래서 기독교에서 말하는 지배는 강압적으로 모든 생물을 다스리는 그러한 지배로 이해될 수도 있습니다. 그런 관점에서 보게 되면 자연을 훼손하고 동물을 학대하는 모든 행동이 당연시되어질 수 있는 위험이 있습니다. 뿐만이 아니라 역사 속에서 지속되었던 인간이 인간을 폭력적으로 지배하는 일조차 신의 이름으로 허용될 위험성이 있는 것도 사실입니다. 그러나 본문의 다스림을 그런 의미의 폭압적 통치로 이해할 수는 없습니다. 다만 이 히브리 단어가 사용된 이유는 성경이 쓰여질 당시에 다스림에 관한 다른 마땅한 단어가 없었기 때문으로 보입니다.

2. 다스림과 거룩

아브라함 죠슈아 혜셀은 그의 책 『안식』에서 **"우리는 한 주에 엿새동안 이 세계를 지배하기 위해 애쓰고, 이렛날에는 자기 자신을 다스리기 위해서 힘쓴다"**고 했습니다. 여기서 주목할 만한 것은 일곱째 날의 의미입니다. 일곱째 날은 **'자기 자신을 다스리는 날'**로 정의한 것입니다.

그런데 이러한 정의는 자기자신을 다스리는 것은 결국 인간 스스로 할 수 없다는 뜻이기도 합니다. 동양고전은 자기자신을 다스리는 것이 교육으로 가능하다고 말합니다. 『대학』에서 **"수신제가 치국평천하"**(修身齊家治國平天下)라는 말은 자기자신을 다스리는 자만이 집을 다스리고, 집을 다스릴 수 있는 사람이 나라를 다스리고, 나라를 다스리는 사람은 곧 천하를 다스릴 수 있다는 뜻으로, 유교는 교육을 중요시합니다.

그러나 이렇게 동양고전에서 말하는 다스림은 성경의 다스림이 아닙니다. 성경의 다스림은 내가 나 자신을 혼자서 스스로 다스릴 수 있다고 보지 않습니다. 성경은 나를 다스리는 것의 원천이 하나님께 있음을 고백합니다. 이점에서 아브라함 조슈아 헤셀의 이야기는 의미가 깊습니다. 안식일은 하나님이 복주신 날이고 거룩하게 하신 날입니다. '**거룩하게 하다**'는 말은 '**하나님께 온전히 속했다**'는 뜻입니다. 하나님께 온전히 속했다는 말은 그 속에서 하나님이 왕이 되신다는 뜻입니다. 곧 나 자신을 온전히 다스리는 유일한 방법은 왕 되신 하나님 안에 온전히 거할 때만 가능하다는 뜻입니다. 곧 하나님과 내가 함께 나를 다스리는 것입니다. 그러나 그 다스림은 하나님이 50퍼센트 다스리고 내가 50퍼센트 다스리는 것이 아닙니다. 하나님이 100퍼센트 나를 다스리고, 내가 100퍼센트 나를 다스리는 것입니다. 따라서 하나님이 나를 온전히 다스릴 때 그 다스림을 따라 내가 온전해 나를 다스리게 되는 것입니다.

3. 다스림과 청지기직

결국 성경의 다스림은 일종의 청지기직과 연관이 되어 있습니다. 이 세상의 주인은 사람이 아닙니다. 아무리 사람이 잘나고 똑똑해도 이 세상의 주인은 하나님이십니다. 사람은 하나님이 만드신 이 세상의 일억분의 일도 제대로 파악하지 못하고 있는 존재입니다. 그러므로 인간은 이 세상의 주인이 아닙니다. 인간은 하나님 안에서 하나님과 함께 이 땅을 다스리도록 위탁받은 존재입니다. 그런 의미에서 인간은 청지기입니다. 그런 의미에서 인간의 다스림은 청지기로서의 다스림입니다.

Ⅲ. 성경에 나타난 다스림

1. 아담의 기록에 나타난 다스림

다스림에 관한 이야기들 중에서 가장 먼저 살펴보아야 하는 것은 아담의 이야기입니다. 하나님은 가장 먼저 아담에게 에덴동산을 위탁하셨고, 그 위탁은 다름아닌 에덴동산을 다스리라고 하는 것이었습니다. "**여호와 하나님이 그 사람을 이끌어 에**

덴 동산에 두어 그것을 경작하며 지키게 하시고"(창2:15). 이러한 창세기의 기록에 따르면 아담의 다스림의 내용은 크게 두 가지로 나뉩니다. 첫째는 **'동산을 경작하는 것'**이고, 다른 하나는 **'동산을 지키는 것'**입니다.

그렇다면 에덴동산은 오늘날 어디를 의미할까요? 에덴(עֵדֶן)이라는 말의 히브리적 의미는 '기쁨'(Enjoy)이라는 뜻입니다. 그러므로 에덴동산은 '기쁨의 동산'이라고 부를 수 있습니다. 하나님은 인간이 기쁘게 살기를 원하셨고 또 기쁜 일 혹은 하나님이 기뻐하시는 일을 하게 하기 위해서 아담을 에덴동산에 두신 것이라고 이해가 됩니다.

에덴이라는 말은 수메르-아카드어에서 그 기원을 찾을 수가 있습니다. 수메르-아카드적인 의미에서 이 단어의 의미는 '황야, 초원, 광야'의 의미를 갖습니다[에덴동산 참고]. 곧 에덴동산은 처음부터 기쁨의 동산이 아니라 기쁨을 만들어가는 동산이라는 의미가 더 적합할 수도 있습니다(꼭 그렇게 보아야 하는 것은 아니지만). 아담이 에덴동산을 경작하고 지키게 될 때에, 황야같고 초원 같은 곳이 '기쁨의 동산'으로 변하게 됩니다.

이것은 마치 예수님께서 광야에서 시험받으시는 장면을 생각나게 합니다. "광야에서 40일을 계시면서 사탄에게 시험을 받으시며 들짐승과 함께 계시니 천사들이 수종들더라"(막 1:13). 예수님이 그 시험을 마치자 광야는 들짐승과 천사들이 수종드는 기쁨의 장소로 변화되었습니다. 저는 이것이 에덴의 의미를 잘 설명한다고 생각합니다. 에덴은 하나님이 만드신 동산이지만, 그것이 꼭 아담의 마음에 든 것은 아닐 수 있습니다. 그 장소가 좋다 좋지 않다는 의미가 아니라, 인간의 마음에 그렇게 느껴질 수 있다는 점에서 그렇습니다. 아무리 좋은 장소라고 해도 모든 사람이 만족하는 것은 아닌 것과 같습니다. 에덴이라는 곳은 아마도 인간이 살아가기에 풍족한 장소였겠지만, 그러나 그곳은 인간의 노동이 필요한 공간이었습니다. 아담은 경작하며 지키는 일을 해야만 했기 때문입니다. 그리고 그곳은 사탄의 시험이 있을 수 있는 공간이기도 했습니다.

특별히 우리는 에덴동산에 **'두어'**라는 말을 주목해 볼 필요가 있습니다. '두다'라는 말은 본문에서 사역형(히필형)으로 쓰였습니다. 그 의미는 하나님이 아담으로 하여금 그 장소에 머무르게끔 강제하셨다는 의미가 내포되어 있습니다. 그러니까 아담은 여러 사정 안에서 그것에 머물 수 밖에 없는 어떤 사정을 하나님이 만드셨다는 의미로 해석이 가능합니다. 그러므로 하나님이 부르셔서 이끄시고 머물게 하신 그 곳이 바로 에덴이라고 볼 수도 있습니다. 그러므로 하나님이 우리를 불러서 있게 하신 장소가 우리에게는 에덴입니다. 그리고 우리에게는 그 장소를 '기쁨의 장소'로 바꾸어야 하는 의무가 존재합니다.

1) 동산을 경작하라

만물을 다스리게 하시기 위해서 인간을 창조하신 하나님이 첫번째로 명령하신 일은 그 사람을 에덴동산에 두어서 이 에덴동산을 경작하게 하신 사건입니다. 경작한다는 말은 히브리어 **'아바드'**(עבד)입니다. 이 말의 사전적인 의미는 'work'(**일하다**), 'serve'(**봉사하다**), 'worship'(**예배하다**) 등의 의미를 지니고 있습니다.

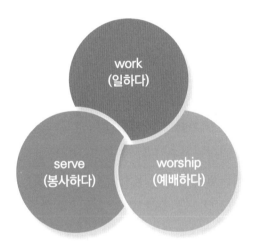

따라서 경작한다는 말은 단순하게 **'농사한다'**는 말이 아닙니다. 아담은 에덴동산에서 노동을 해야했고, 그 노동은 일종의 세상을 향한 봉사였으며, 또한 하나님을 향한 예배가 되어야 했습니다. 이 모든 것들이 '경작하다'라고 하는 한 마디 말 속에 포함이 되어 있습니다. 아담은 에덴을 하나님을 예배하는 땅, 그래서 참된 기쁨이 넘쳐흐르는 땅으로 만들어야 했습니다.

2) 지키는 것이다(창 2:15)

다스림의 두 번째 의미는 '지키는' 것입니다. 이 '지키다'라는 말은 히브리어로 '샤마르'(שמר)입니다. 영어로 번역을 하게 되면 "keep(지키다), preserve(보존하다), guard(보호하다)" 등의 의미가 됩니다. 그러니까 아담은 하나님이 주신 에덴동산을 지키고 보호하고 보존하는 일을 해야 했습니다. 이것이 바로 지키는 일입니다. 그리고 에덴동산을 경작하며 지키라는 임무는 아담이 에덴동산의 관리 책임자라는 의미입니다.

그렇다면 아담은 무엇을 지켜야 했을까요? 무엇을 지켜야했습니까? 바로 에덴동산입니다. 에덴동산에는 하나님이 심으신 나무들과 동물들이 존재했습니다. 그리고 아담의 짝인 하와가 존재했습니다(존재할 것이다). 그들을 지키고 보호하는 것이 다스리는 것이 바로 아담이 할 일이었습니다. 특별히 앞에서 본 대로 '에덴'이라는 말은 '기쁨'이라는 뜻입니다. 따라서 아담은 하나님이 주신 참된 기쁨을 잃지 않도록 지켜야 했습니다.

3) 이름을 짓는 것이다(창2:19)

다스림의 세번째는 바로 이름을 짓는 것입니다. 하나님은 아담에게 하와를 주시기 전에 먼저 동물들을 통해서 아담을 훈련시키셨습니다. **"여호와 하나님이 흙으로 각종 들짐승과 공중의 각종 새를 지으시고 아담이 무엇이라고 부르나 보시려고 그것들을 그에게로 이끌어 가시니 아담이 각 생물을 부르는 것이 곧 그 이름이 되었더라"**(창2:19). 이름을 짓는다는 것의 가장 기본적인 의미 중의 하나는 '**의미를 부여하는 것**'입니다. 의미를 부여한다는 것은 존재의의를 부여한다는 뜻이고, 살아갈 이유를 부여한다는 뜻입니다. 한 가정을 다스리는 존재로서 아담은 상대인 여성을 폭압적으로 다스리는 것이 아니라 그녀에게 살아갈 의미를 부여함으로, 사랑함으로 다스려야 했습니다.

이렇게 의미를 부여하는 행위는 예수님에게서 잘 드러납니다. 예수님을 제자들에게 이렇게 말씀하셨습니다. **"너희는 세상의 빛이라" "너희는 세상의 소금이다"**. 제자들이 아주 탁월한 사람들이기 때문에 그들이 세상의 빛이고 소금이 아닙니다. 예수님이 그들을 세상의 빛으로 불렀고, 소금으로 불렀기 때문에 그들이 세상의 빛과 소금으로 변화되어갔던 것입니다. 그래서 베드로 사도도 그리스도인들에게 이렇게 말했습니다. **"그러나 너희는 택하신 족속이요 왕 같은 제사장들이요 거룩한 나라요 그의 소유가 된 백성이니 이는 너희를 어두운 데서 불러 내어 그의 기이한 빛에 들어가게 하신 이의 아름다운 덕을 선포하게 하려 하심이라"(벧전2:9)**

2. 예수님의 비유에 나타난 다스림

누가복음 12장 42절에서 예수님은 **"주께서 이르시되 지혜 있고 진실한 청지기가 되어 주인에게 그 집 종들을 맡아 때를 따라 양식을 나누어 줄 자가 누구냐"**. 이 비유에서 예수님의 제자들은 '종'으로 비유됩니다. 그리고 종의 반응은 세가지 형태로 나타납니다.

진실한 청지기(때를 따라 양식을 나누어 주는 사람)

• 주인이 모든 소유를 그에게 맡김

주인의 뜻을 알고도 준비하지 아니하고 그 뜻대로 행하지 아니한 종-남녀 종들을 때리며 먹고 마신 자 중에서

• 엄히 때리고 신실하지 못한 자의 받는 벌에 처함-많이 맞음

알지 못하고 맞을 일을 행한 종-남녀 종들을 때리며 먹고 마신 자 중에서

• 엄히 때리고 신실하지 못한 자의 받는 벌에 처함-적게 맞음

우리 모두는 이 세가지 종류의 청지기에 포함이 됩니다. 우리 모두는 하나님 앞에 모두 다 책임있는 청지기입니다. 다만 어떤 사람들은 다른 사람들보다 더 많은 책임을 맡은 종입니다. 그들은 바로 목사와 같이 다른 사람들을 지도하는 책임을 맡은 사람들입니다. 이들은 지도자로서 더 책임있고 지혜롭게 행동하지 않는 이상 더 큰형벌을 받게 됩니다.

3. 예수님의 사명에 나타난 다스림

마태복음의 마지막인 28장 18절-20절에는 예수님이 제자들에게 하라고 하시는 사명이 나타나 있습니다. "예수께서 나아와 말씀하여 이르시되 하늘과 땅의 모든 권세를 내게 주셨으니, 19 그러므로 너희는 가서 모든 민족을 제자로 삼아 아버지와 아들과 성령의 이름으로 세례를 베풀고, 20 내가 너희에게 분부한 모든 것을 가르쳐 지키게 하라 볼지어다 내가 세상 끝날까지 너희와 항상 함께 있으리라 하시니라"(마28:18-20)

마태복음의 이 사명은 어떻게 보면 창세기 1장 26절의 사명과 비슷합니다. 아니 창세기 1장 26절의 신약적 버전(version)이 바로 마태복음 28장의 대사명이라고 할 수도 있습니다. 창세기에서 땅에 충만하고 다스리라는 것처럼 마태복음에서도 모든 민족을 다스리라고 말합니다. 그러므로 참된 다스림이란 복음적 다스림이라는 것을 알 수가 있습니다. 곧 하나님의 임재가 있게 해서 하나님이 모든 사람을 다스리게 하는 것, 그것이 바로 참된 다스림입니다.

1. 딩신은 필연직으로 누군가를 다스리는 쫀재로 살아가고 있습니디. 당신의 디스림은 이 떤 다스림입니까? 혹시 폭언과 폭력을 동반한 다스림입니까 아니면 사랑으로 섬겨주는 다스림입니까?

2. 당신은 위의 예수님의 비유에 나오는 세가지 종 중에서 어떤 부류에 속한다고 믿습니 까? 그렇게 생각하는 이유는 무엇입니까?

3. 당신은 누군가에게 어떤 의미를 부여하고 있습니까? 당신은 다른 사람들, 가족이나 성 도들 상호간에 있어서 서로가 소중한 사람임을 표현하고 있습니까? 혹은 잘 표현하지 못한다면 그 이유는 무엇입니까?

4. 당신은 하나님이 당신을 다스리도록 여러분 자신을 내어드리고 있습니까? 그런 경험이 있다면 구체적으로 나누어 봅시다.

창조의 목적지
(안식)

핵심성구(창세기 2장 2절-3절)

"하나님이 그가 하시던 일을 일곱째 날에 마치시니
그가 하시던 모든 일을 그치고 그 일곱째 날에 안식하시니라.
하나님이 그 일곱째 날을 복되게 하사 거룩하게 하셨으니
이는 하나님이 그 창조하시며 만드시던 모든 일을 마치시고
그 날에 안식하셨음이더라"

I. 서론

"투우장 한쪽에는 소가 안전하다고 느끼는 보이지 않는 구역이 있다. 투우사와 싸우다가 지친 소는 그 장소로 가서 숨을 고르며 힘을 모은다. …소만 아는 그 자리를 스페인어로 '퀘렌시아'라고 부른다. 피난처, 안식처라는 뜻이다. 투우가 진행되는 동안 소는 어디가 자신에게 가장 안전한 장소며 숨을 고를 수 있는 자리인지 살펴 그 장소를 퀘렌시아로 정한다. 투우사가 소와의 싸움에서 이기려면 그 장소를 알아내어 소가 그곳으로 가지 못하게 막아야 한다. 투우를 이해하기 위해 수백 번 넘게 투우장을 드나든 헤밍웨이는 '퀘렌시아에 있을 때 소는 말할 수 없이 강해져서 쓰러뜨리는 것이 불가능하다'라고 썼다."

소는 본능적으로 피난처를 알아보고 기운을 되찾기 위해 퀘렌시아로 갑니다.
그렇다면 우리가 평안과 힘을 되찾을 퀘렌시아는 어디일까요?
우리의 퀘렌시아, 피난처는 주님이십니다.
세상이 줄 수 없는 평안을 주시는 주님의 품에 안길 때
우리는 힘을 얻게 됩니다.
우리의 대적은 이 사실을 알기 때문에 주님께 나아가지 못하게 합니다.
잠잠히 주님을 앙망하지 못하게 합니다.
그러나 주님을 피난처로 삼아 그분을 바라볼 때
우리는 어떤 환난도 견딜 수 있습니다.

– 강준민, 『안식의 영성』중에서

안식을 우리나라 말로 번역을 하게 되면 아마도 가장 잘 번역할 수 있는 것은 '쉼'이 아닐까 싶습니다. 그렇다면 참된 쉼, 혹은 참된 안식은 어떤 의미일까요?

Ⅱ. 안식의 의미

안식일의 의미는 기본적으로 성경에서 하나님이 하신 행위와 관련이 있습니다. 창세기 2장 2절과 3절에서 하나님이 안식일과 관련해서 행하신 일은 세 가지입니다. **'쉬셨다' '거룩하게 하셨다' '복되게 하셨다'**. 아래에서는 이 세가지 의미를 중심으로 안식의 의미를 살펴보고자 합니다.

1. '사바트'의 의미-쉬다

'안식하다'라는 말은 히브리어로 **'사바트'**(שבת)입니다. 이 말은 'cease'(멈추다), 'stop'(멈추다)의 의미를 지니고 있습니다. 그러니까 그 의미만 **'피상적으로'** 놓고 보자면, 안식일에 그냥 아무것도 하지 않고, 푹 쉬는 것이 안식일의 정신을 지키는 것이어야 함이 마땅합니다. **"따라서 교회도 안오고 주일에 하루종일 잠만 자는 것이 성경의 정신에 더 맞다고 말할 수도 있습니다."**

그러나 이러한 관점은 다분히 인간적인 관점 혹은 세속적인 관점이라고 할 수가 있습니다. 그리스의 철학자인 아리스토텔레스는 이렇게 말했습니다. **"우리는 휴식이 필요하다, 왜냐하면 우리는 쉬지 않고 일할 수 있는 존재가 아니기 때문이다. 그러나 휴식은 목적이 아니다."** 그러니까 휴식이라는 것은 어떤 목적을 이루기 위한 수단일 뿐이다. 곧 일을 하기 위해서 필요한 것이 휴식이라는 뜻입니다.

그러나 성경은 그렇게 '안식'을 이해하지 않습니다. 유대교 신학자인 아브라함 조슈아 헤셸은 그의 책 『안식』에서 이렇게 말합니다. **"하나님이 창조하신 것 가운데 가장 마지막 작품이자 하나님이 의도하신 것 가운데 가장 첫 번째 작품(last in creation, first in intention)"인 안식일이야말로 "천지창조의 복적"이다.**[3] 성경은 안식을 천지창조의 목적으로 이해합니다. 그러니까 안식은 일을 하기 위한 목적을 위한 수단이 아니라는 것입니다. 오히려 안식이야 말로 목적이다. 반대로 '일'이 '안식'을 위한 수단입니다.

그렇다면 안식, 곧 참된 쉼이란 무엇입니까? 안식의 본질적 의미는 **'나 중심의 일. 내가 주인되는 일을 그만두는 것'**에 그 핵심이 있습니다. 지난 6일 동안의 일상을 위한 삶을 멈추는 것입니다. 유태교 랍비인 아브라함 조슈아 헤셸은 다음과 같이 말합니다. **"사람의 손만이 그날을 경축하는 것이 아니다. 혀와 영혼도 안식일을 경축한다. 우리는 평일에 이야기하는 것과 똑 같은 방식으로 안식일에 이야기하지 않는다. 사업이나 노동에 대해서는 생각도 하지 말아야 한다"**. 곧 나 중심의 일을 내려놓는 것이 쉼의 핵심입니다.

2. '사바트'는 시간을 거룩하게 만드는 것입니다

거룩이라는 말은 사전적 의미로는 하나님의 속성 중에 가장 중심되는 성품이요, 하나님의 백성에게 첫 번째로 요구되는 명령이기도 합니다(레19:2; 벧전1:15-16). 이러한 거룩은 일반적으로 몇 가지 의미로 사용되어지는데 그 용례는 아래와 같습니다. 따라서 안식일을 거룩하게 했다는 말의 가장 기본적인 의미는 안식일을 구별하고, 깨끗하게 하고, 분리(구분)했다는 뜻입니다.

저명한 구약신학자인 브루스 K. 왈키 교수는 이렇게 이야기합니다. **"처음 여섯 날에 공간이 정복되었다. 일곱째 날에는 시간이 거룩해진다. 이 날은 생기를 되찾도록 복을 받는다. 이 날은 인간으로 하여금 하늘 왕의 노동-안식의 패턴을 따르도록, 그리하여 하나님의 주권을 고백하도록 요구한다. 이 날에 그들은 땅을 정복하**

---

3) 아브라함 조슈아 헤셸, 안식, 57, 복 있는 사람

구별하다

깨끗하게
하다

구분(분리)
하다

는 일을 멈춘다." 여섯날 동안 하나님은 공간을 정복하셨습니다. 공간을 정복했다는 것은 다른 말로 일했다는 뜻입니다. 그리고 일곱째 날은 공간에 관한 정복을 하신 것이 아니라 시간을 거룩하게 하셨습니다. "**바로 이 시간을 거룩하게 하는 것이 하나님의 쉼이었습니다.**" 그러므로 '쉼'의 핵심은 '시간을 거룩하게 만드는 것'에 있습니다.

그렇다면 단순히 쉬는 것, 아무것도 하지 않고 침대에서 뒹구는 것이 성경에서 말하는 쉼은 아니라는 것이 분명해 집니다. "**물론 육체적 쉼이 필요없다는 뜻은 아닙니다.**" 육체적 쉼은 반드시 필요하지요. 그러나 '**시간을 거룩하게 만드는 것**'이 없는 육체적 쉼은 성경에서 말하는 '쉼'은 아니라는 뜻입니다.

그렇다면 시간을 거룩하게 한다는 것은 어떤 의미일까요? 무엇인가를 거룩하게 한다는 것은 다른 말로 '**하나님께 속하게 한다**'는 뜻입니다. 그렇다면 시간을 거룩하게 만드는 쉼이라는 것은 무엇입니까? "**그것은 바로 그 제 7일의 시간을 하나님의 주권 아래 돌려드리는 것을 의미합니다.**" 공간과 마찬가지로 시간은 원래 하나님의 것입니다. 그러므로 제 칠일의 안식일은 하나님의 것을 하나님께 돌려드리는 기간입니다. "**곧 제 6일동안 이 세상의 공간을 정복하면서 살아온 삶을 멈추고, 다시 말해서 이제까지 내 뜻대로 살아왔던 삶을 멈추고, 온전히 하나님께 시간을 드리는 것이 바로 시간을 거룩하게 만드는것입니다.**"

그러므로 우리는 여기서 중요한 원칙을 하나 발견할 수 있습니다. "**주일에 예배**

드리는 것이야말로 진짜 시간을 거룩하게 하는 것이고, 참다운 쉼을 쉬는 것이다." 반대로 아무것도 하지 않는 것은 또 다른 방식으로 내 멋대로 세상을 살아가는 것이고, 하나님의 주권을 인정하지 않고, 주님의 주권을 고백하지 않는 것이 됩니다.

3. '안식일'은 복된 날입니다.

안식일을 지켜야 하는 이유는 안식일이 하나님이 거룩하게 하신 거룩한 하나님의 날이기 때문이기도 하지만, 또 다른 하나의 이유가 있습니다. 그것은 바로 하나님이 이 날을 복되게 하셨기 때문입니다. '복되게 하다'라는 말은 '축복한 날'이라는 의미입니다.

그렇다면 '축복하다'는 말은 어떤 의미일까요? '축복하다'라는 말은 히브리어로 '바라크'(ברך)입니다. 그런데 이 '바라크'라는 동사는 그 의미가 크게 두 가지입니다. 하나는 '축복하다'라는 것이고, 다른 하나는 '무릎을 꿇다'라는 의미가 그것입니다. 그런데 하나의 단어가 두 가지 의미를 가지고 있다는 것은 이 두가지 의미가 상호 내적인 연관성을 가지고 있다는 뜻입니다.

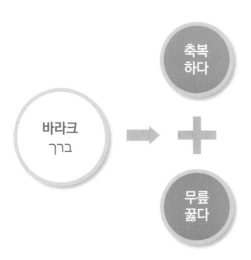

먼저 복이라는 말에 관해서 생각해 보아야 합니다. 복이라는 것은 히브리어로 '베라카'(בְּרָכָה)입니다. 이 단어는 동사 '바라크'(축복하다)의 명사형입니다. 이 단어는 기본적으로 세가지 의미를 지니고 있습니다. blessing(복, 은혜, 혹은 은총),

gift(선물), surrender(명도, 양도)가 그것입니다. 이 단어는 "은혜, 혹은 은총" "축복"등으로 번역 되어지며, 근원적인 의미의 복을 의미합니다. 곧 생명력 혹은 생산성의 회복을 의미합니다.

그렇다면 이 근원적인 생명력은 어떻게 얻을 수 있을까요? 그 비밀이 바로 '축복하다'라는 단어 속에 숨어 있습니다. '바라크'라는 동사는 두 가지 의미가 있는데, 앞에서 본대로 하나는 **'축복하다'**라는 의미이고, 다른 하나는 **'무릎꿇다'**라는 의미입니다. 그런데 누가 무릎을 꿇습니까? 바로 축복하는 사람이 무릎을 꿇습니다. 이것은 놀라운 일입니다. 우리는 흔히 축복받는 사람이 무릎을 꿇는다고 생각을 합니다. 그런데 아닙니다. 축복을 하는 사람이 무릎을 꿇습니다. 이것이 신비입니다.

이것은 엄마와 아이를 생각하면 간단한 이치이기도 합니다. 어머니가 유치원 가는 아이의 옷을 입혀줄 때에, 무릎을 꿇고 입혀줍니다. 아이의 눈높이에 맞춰주는 것입니다. 하나님이 우리를 축복하신다는 것은, 하나님이 우리의 눈높이까지 내려오셔서 자신을 낮추신다는 의미가 포함되어 있습니다.

그렇다면 하나님이 안식일을 복되게 하셨다는 것은 하나님이 그 안식일의 눈높이에 자신을 맞추었다는 뜻입니다. 하나님이 그 안식일에 자신의 생명력을 부여하셨다는 뜻입니다. 이로써 안식일에 자신을 맞추는 사람은 이 하나님의 휴일로부터 생기와 생육의 능력을 얻게 되었습니다. 이 목적을 위하여 하나님은 안식일을 '거룩하게 하셨다' 즉 야훼는 안식일을 노동일로부터 구별하셨습니다.

Ⅳ. 안식일과 주일

그런데 여기서 한가지 중요한 의문이 듭니다. 안식일이 이처럼 중요하다면 왜 개신교는 안식일을 지키지 않고 주일을 지킬까요? 그 이유에 관해서 지금부터 이야기를 해야 할 것 같습니다.

1. 부활하신 예수님이 주일에 찾아오셨습니다.

우리가 안식일을 지키는 대신에 주일을 지키는 것에는 여러가지 이유가 있겠지만, 사실 가장 근원적인 이유는 예수님이 안식일이 아니라 주일에 부활하셨기 때문입니다. 안식일에 예수님은 '죽음' 가운데 계셨습니다. 가장 참된 안식이어야 할 안식일에 사람은 가장 하지 못할 일을 하나님께 행했습니다. 그것은 바로 십자가에 예수님을 못박아 죽음 가운데 둔 사건입니다. 하나님의 안식일을 하나님의 죽음으로 만든 것입니다.

그러나 이제 예수님은 십자가에 못박히신지 사흘만에 다시 살아나셨습니다. 하나님이 예수님을 죽은 자 가운데서 다시 살리신 것입니다. 이 날이 바로 안식일 다음날인 주일입니다. 바로 이 날에 예수님은 제자들을 찾아오셨습니다. 요한복음 20장 19절은 이렇게 말씀합니다. **"이 날 곧 안식 후 첫날 저녁 때에 제자들이 유대인들을 두려워하여 모인 곳의 문들을 닫았더니 예수께서 오사 가운데 서서 이르시되 너희에게 평강이 있을지어다"**(요20:19). 그리고 다시 공식적으로 예수님이 제자들이 모인 공동체를 찾은 것도 그 다음 주 주일 저녁입니다. 제자들은 이 때에도 공동체로 모였습니다. 그 장면을 요한복음 20장 26절은 이렇게 말씀합니다. **"여드레를 지나서 제자들이 다시 집 안에 있을 때에 도마도 함께 있고 문들이 닫혔는데 예수께서 오사 가운데 서서 이르시되 너희에게 평강이 있을지어다 하시고"**. 이 장면에서 여드레로 표현한 것은 관습상 주일부터 세었기 때문입니다.

그렇습니다. 부활하신 주님은 주일에 찾아오셨습니다. 안식일에 공동체를 찾으신 것이 아닙니다. 부활의 첫날이 주일이었기 때문에, 첫번째로 주일 저녁에 찾아오신 것은 이해할 수 있습니다. 안식일은 어제 이미 지나갔기 때문입니다. 그러나 예수님은 그 다음주에도 안식일에 공동체 가운데 나타나신 것이 아니라 주일에 나타나셨습니다. 그래서 그리스도인들에게 있어서 주일은 안식일보다 훨씬 더 중요한 날이 되었습니다. 부활하신 예수님, 곧 삼위일체 하나님이 찾아오신 날이 주일이기 때문입니다.

2. 주일은 새로운 영원한 생명의 시작을 의미합니다.

주일은 부활의 첫 시작일입니다. 부활은 새로운 생명, 곧 영원한 생명의 시작을 의미합니다. 영원한 생명, 부활의 생명이 주일날 시작되었습니다. 그래서 이제 누구든지 회개하고 예수님을 주님으로 모셔들이는 자는 영원한 생명을 얻게 됩니다. 이것을 상징하는 날이 바로 주일입니다. 또한 영원한 생명인 새하늘과 새땅은 예수님의 부활로 말미암아 시작이 되었습니다. 그러므로 영원한 생명을 바라보는 사람들은 새로운 생명의 시작을 기념하는 주일을 지킵니다.

3. 참된 안식은 예수님 안에 있습니다.

주일은 그리스도 안에서 새로운 기쁨과 복이 있는 날입니다. 구약성경에서 참된 기쁨과 쉼과 복은 안식일에 있었습니다. 구약에 하나님은 안식일을 구별하셨습니다. **"하나님이 그 일곱째 날을 복되게 하사 거룩하게 하셨으니 이는 하나님이 그 창조하시며 만드시던 모든 일을 마치시고 그 날에 안식하셨음이니라"**(창2:3). 그러나 이제 신약시대에 접어들어서 주님은 주일을 구별하시고 찾아오셨습니다. **"이 날 곧 안식 후 첫날 저녁 때에 제자들이 유대인들을 두려워하여 모인 곳의 문들을 닫았더니 예수께서 오사 가운데 서서 이르시되 너희에게 평강이 있을지어다"**(요20:19). 예수님은 주일에 평강을 선포하셨습니다. 이러한 평강은 원래 안식일에 있던 복과 관련이 있던 것입니다. 그러므로 주일은 이제 새로운 안식일이고 새로운 생명, 영원한 생명이 시작된 날로 지켜야 합니다.

1. 당신은 수일을 온선히 살 시키고 있습니까? 만일 그릴지 못하다고 한다면 어띤 이유 때문입니까?

2. 주일은 하나님이 무릎을 꿇고 복을 주신 날입니다. 당신은 그 날에 하나님 앞에 진정으로 무릎을 꿇고 하나님을 경배하고 있습니까?

3. 다른 사람을 축복한다는 것은 그 사람 앞에 무릎을 꿇는다는 의미입니다. 당신은 다른 사람을 축복하고 있습니까? 그렇다면 그 방법은 무엇이었습니까?

참고문헌

1. 김경열, 『드라마 레위기』
2. 김경열, 『성막의 세계』, 두란노, 서울
3. 김순현 역, 아브라함 조슈아 헤셸, 안식, 복 있는 사람
4. 김양재, 프로포즈, QTM, 2020
5. 김영한역, 존 웨슬리, 『존 웨슬리의 일기』, 크리스천 다이제스트, 경기도 고양시
6. 김지찬역, 로버트 웨버, 『예배학』, 생명의 말씀사, 서울
7. 김찬영역, 더글라스 스위니&오웬 스트라첸, 『조나단 에드워즈의 하나님의 아름다움』
8. 디트리히 본 회퍼, 기독교 윤리
9. 디트리히 본 회퍼, 본회퍼 묵상집
10. 뤼디그 룩스, 이스라엘의 지혜, 한국학술정보
11. 마틴 부버, 나와 너
12. 부르스 K. 월키, 창세기 주석, 김경열 역, 새물결플러스, 2018
13. 손성현역, 칼 바르트, 『로마서』, 복 있는 사람, 서울
14. 스캇 펙, 거짓의 사람들, 비전과 리더쉽
15. 아브라함 죠슈아 헤셸, 안식
16. 에리히 프롬, 자유로부터의 도피,
17. 에리히 프롬, 소유냐 존재냐,
18. 오톤 와일리, 웨슬리안 조직신학, 세복
19. 위르겐 몰트만, 오늘 우리에게 그리스도는 누구신가, 대한기독교서회, 2004
20. 위르겐 몰트만, 희망의 신학
21. 윌리엄 존스톤, 신비신학
22. 월트 윙크, 사탄의 가면을 벗겨라, 박만 역, 한국기독교연구소
23. 이신건, 조직신학 제1권, 신앙과지성사, 서울.
24. 이종한역, 한스 큉, 그리스도교, 분도출판사, 경북 칠곡군
25. 이현주역, 아브라함 요슈아 헤셸, 『사람은 혼자가 아니다』, 한국기독교연구소, 경기도 고양시
26. 제임스 로더, 종교체험과 삶의 변화
27. 조기연역, 제임스 화이트, 기독교예배학입문,
28. 조종남, 요한웨슬레의 신학, 대한기독교출판사
29. 존 프레임, 존 프레임의 조직신학, 부흥과 개혁사
30. 토머스 머튼, 평화론
31. 토마스 C. 오든, 장기영역, 『하나님과 섭리』, 웨슬리 르네상스, 서울
32. 토마스 C. 오든, 장기영역, 『그리스도와 구원』, 웨슬리 르네상스, 서울
33. 팀 켈러, 팀 켈러의 일과 영성, 두란노, 2018
34. 폴 틸리히, 존재의 용기
35. 프랜시스 S. 콜린스, 신의 언어
36. 한스 발터 볼프, 구약성서의 인간학, 분도출판사.

37. 한영태, 웨슬레의 조직신학, 성광문화사
38. 현용수, 탈무드 잠언
39. B. W. 앤더슨, 구약신학, 95.
40. C. S. 루이스, 고통의 문제, 홍성사, 2013.
41. H. G. 푈만, 교의학, 신앙과 지성사
42. Th. C. 프리젠, 구약성서이해,

[참고 성경]
1. 개역개정
2. 표준새번역
3. KJV 성경
4. NIV 성경

[참고 주석]
1. 무디 성경주석
2. 맥아더 성경주석
3. 대한기독교서회 백주년 기념 성서주석
4. 교부들의 성경주해, 구약성경 Ⅰ

[참고 사전]
1. 라이프 성경단어사전, 생명의 말씀사
2. TDOT 및 TDNT
3. HALOT 사전

[참고 칼럼 및 잡지]
1. 권혁승 칼럼
2. 활천 2013년 9월호

[성경]
1. 한글 개역개정, 대한성서공회
2. 공동번역, 대한성서공회
3. 새번역성경, 대한성서공회

[성경프로그램]
1. Bibleworks 10
2. ACCORDANCE
3. LOGOS

종종 각주를 정확하게 달지 못한 부분이 있습니다. 그러나 그 내용들은 모두 참고 문헌에 기록되어 있습니다. 보다 엄밀하게 각주를 달지 못한 것에 관하여 너그러운 양해를 부탁드립니다

성경의 기초 I

1판 1쇄 발행 2024년 2월 22일

지은이 배대근
발행인 장진우
펴낸곳 호산나(주)
편집·디자인 원선우
주소 경기도 안양시 벌말로 123 909호
등록 제 2-0000호(2005.9.27)
전화 1644-9154
홈페이지 www.hosanna.net
인쇄 창영프로세스
가격 10,000원
ISBN 979-11-89851-55-2